巧学国际象棋系列

1000 国际象棋
习题详解 入门篇

（俄罗斯）弗谢沃洛特·科斯特罗夫 著
（俄罗斯）帕维尔·洛日科夫
和颜 译

化学工业出版社

·北京·

1000 Шахматных задач. Решебник 1/2/3, by В. Костров, П. Рожков
ISBN 9785946932097 / 9785946932103 / 9785946931281
Copyright © 2011/ 2009 by В. Костров, П. Рожков and Издательство 《Russian Chess House》. All rights reserved.
Authorized translation from the Russian language edition published by Издательство 《Russian Chess House》

本书中文简体字版由莫斯科国际象棋出版社通过中华版权代理总公司授权化学工业出版社独家出版发行。

本版本仅限在中国内地（不包括中国台湾地区和香港、澳门特别行政区）销售，不得销往中国以外的其他地区。未经许可，不得以任何方式复制或抄袭本书的任何部分，违者必究。

北京市版权局著作权合同登记号：01-2018-5113

图书在版编目（CIP）数据

1000国际象棋习题详解. 入门篇／（俄罗斯）弗谢沃洛特·科斯特罗夫，（俄罗斯）帕维尔·洛日科夫著；和颜译. —北京：化学工业出版社，2018.6（2023.11重印）

ISBN 978-7-122-32012-4

Ⅰ.①1… Ⅱ.①弗…②帕…③和… Ⅲ.①国际象棋-题解 Ⅳ.①G891.1-44

中国版本图书馆CIP数据核字（2018）第085442号

责任编辑：宋　薇　　　　　　　　　装帧设计：张　辉
责任校对：王素芹

出版发行：化学工业出版社（北京市东城区青年湖南街13号　邮政编码100011）
印　　装：涿州市般润文化传播有限公司
787mm×1092mm　1/24　印张7　字数227千字　2023年11月北京第1版第4次印刷

购书咨询：010-64518888　　　　　售后服务：010-64518899
网　　址：http://www.cip.com.cn
凡购买本书，如有缺损质量问题，本社销售中心负责调换。

定　　价：40.00元　　　　　　　　　　　　　　　　版权所有　违者必究

目 录

第一部分　选取棋子　/ 001

　　第一课　闷杀　/ 003

　　第二课　斜线杀　/ 009

　　第三课　水平（垂直）杀　/ 013

　　第四课　肩章形杀　/ 019

第二部分　残局（一）/ 033

　　第五课　赛前准备　/ 035

　　第六课　正方形法则　/ 041

　　第七课　封锁战术　/ 047

　　第八课　王之灯塔　/ 059

第三部分　残局（二）/ 065

　　第九课　重复　重现　/ 067

　　第十课　"保存"敌方棋子　/ 073

　　第十一课　备用锁兵格　/ 079

　　第十二课　典型错误　/ 085

第四部分　两步杀　/097

第十三课　对角线上的两步杀　/ 099

第十四课　直线两步杀　/ 106

第十五课　双对角线上的两步杀　/ 113

第十六课　通路兵的虚拟保护　/ 120

第五部分　打双叫将　/129

第十七课　沿水平线和对角线用后"打双叫将"　/ 131

第十八课　沿垂直线和对角线用后"打双叫将"　/ 141

第十九课　用后作象"打双叫将"　/ 147

第二十课　用后作车"打双叫将"　/ 153

答案　/160

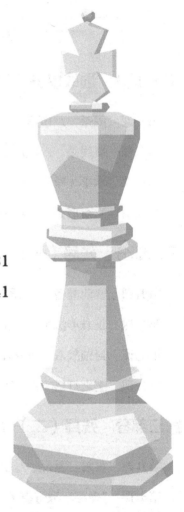

第一部分

选取棋子

你英勇地带领着木头军团驰骋棋盘，你会不会"叫将"？

叫将，也就是"将军"，你要明白，此时王已无子守护。

前进，不可退缩地前进！

前进，无所畏惧地前进！

失败又有什么可怕。

将！这是攻击的力量！

将！这是棋局的目标！这是最终的结局。叫将，就是胜利.胜者为王！

——因娜·韦谢拉，伊勒日·韦谢拉《国际象棋ABC》

《国际象棋ABC》

何谓"叫将"？

国际象棋中对战双方的最终目的是将死对方的王。

叫将，即目标直指向王，使之毫无防卫。

如果被将的王无处可去，己方其他棋子救不了王，也吃不掉对方进攻的棋子，眼看下一步王就要被吃掉，此时即可判定该局结束，对方胜利。

任何一个棋子都可以"擒王"。本书将向你介绍各类"叫将"方法。

本书的实用之处在于不仅概述了各类"叫将"的情形，更摆出相应棋局，等你来解。你可以先把自己的破局之道写下来，进而再与人切磋，在实战中演练。

如果将本书用于自学，那么也可以参考书后给出的答案。

第一课　闷杀

王应当避免"一切不必要的交锋",但也不可保护过度。当王周围全是己方棋子,他在被保护的同时也被限制了行动自由。这也是一种"包饺子"——王没有自己的通道,其空间全被己方战斗棋子占满了。

在这种情况下,沿直线或斜线走的后、车、象无法攻击到王,因其四周皆有防卫。但马可以,其进攻不受阻碍。

这就需要特别注意!找出马可以进攻王的空间,不要将王落入敌军马蹄之下。认真检查可能留给敌方的入侵漏洞。

闷杀是相对较容易的叫将,两种保护(逃跑或掩护)都无法进行。

走马闷杀

1. 埃秋德—阿·谢列茨基（决赛），轮白

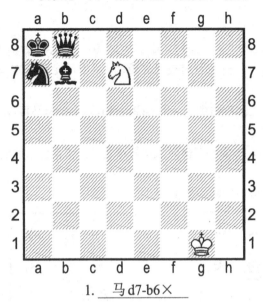

1. _马 d7-b6×_

2. 费德勒—维思捷琳，1978，轮黑

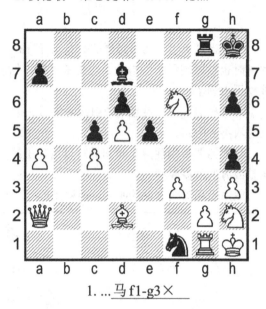

1. ... _马 f1-g3×_

3. 教学示例

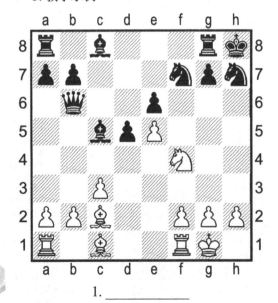

1. _____

4. 阿特京斯—吉布松，1924

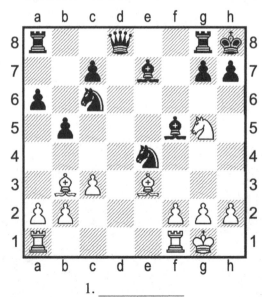

1. _____

走马闷杀

5. Х.Л.路谢娜（决赛），1497

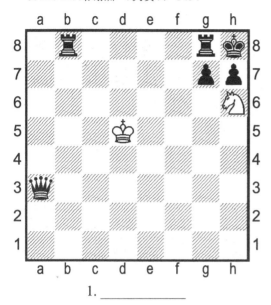

1. _____

6. 教学示例

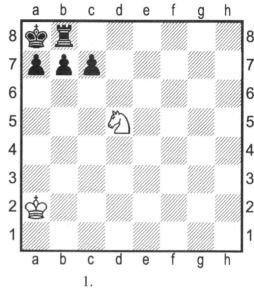

1. _____

7. 教学示例

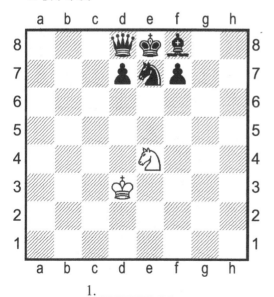

1. _____

8. 施拉格—无名氏，1934

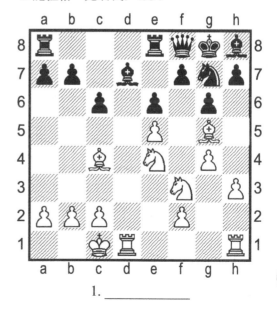

1. _____

走马闷杀

9. 泰曼诺夫—亚科布先，1967

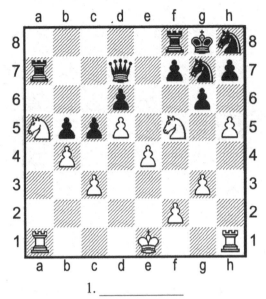

1. _____

10. 格兰捷尔—加利，1894

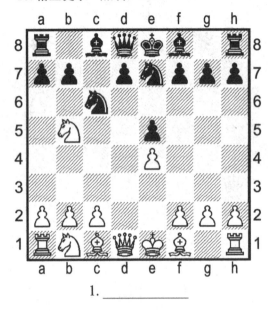

1. _____

11. 教学示例

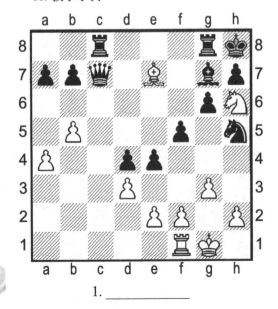

1. _____

12. 列舍夫斯基—马尔戈利特

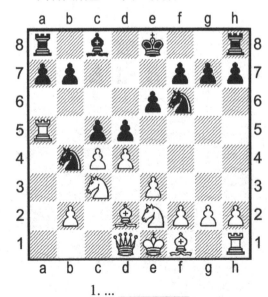

1. ... _____

走马闷杀

13. 阿列欣—卢戈夫斯科伊，1931

14. 洛克文茨—扬纳切克，1981

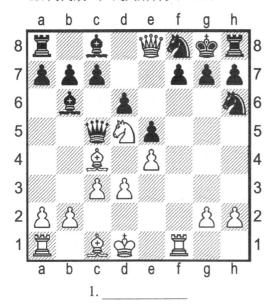

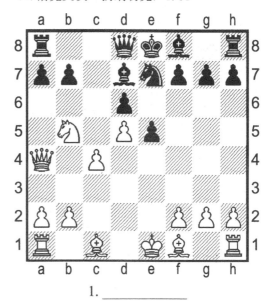

1. _____

1. _____

15. 阿特金松—无名氏，1929

16. 无名氏—坎纳利，1935

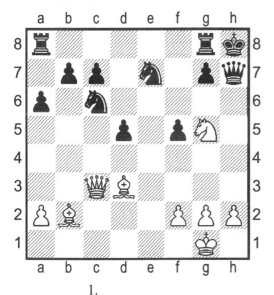

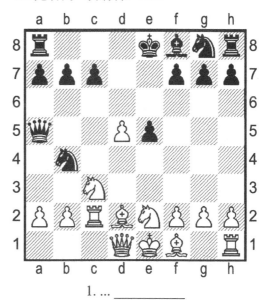

1. _____

1. ... _____

走 马 闷 杀

17. 布列赫—博吉洛夫，1938

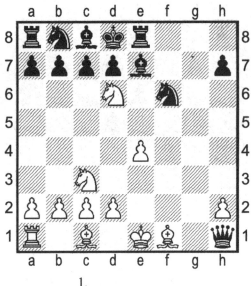

1. _____

18. 德拉贡诺夫—奥德鲁科夫斯基

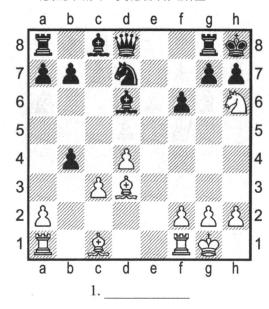

1. _____

19. 出自格列科笔记，1625

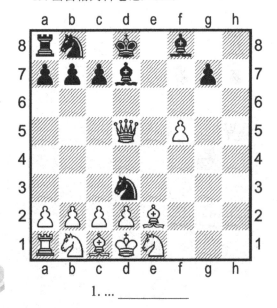

1. ... _____

20. 埃特·拉斯克尔—戈罗维茨，1946

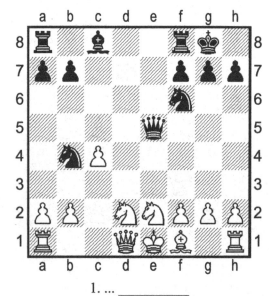

1. ... _____

第二课　斜线杀

如果沿某一条斜线王有可自由移动的空间（破封），此时为了叫将，不应单单将王，也要注意封锁王可移动的空间。

象和后可沿斜线对王进攻，马也可以有同样的作用。

请看下图：

这样，除"闷杀"外的所有叫将，都是由组合进攻完成的。"斜线杀"中，象和后的攻击区域为3格（或者2格），马可共计2格。

斜线杀（用象）

21. 教学示例

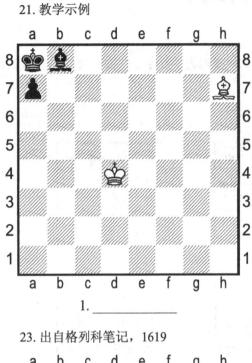

1. _____

22. 季特—杰利马尔，1896

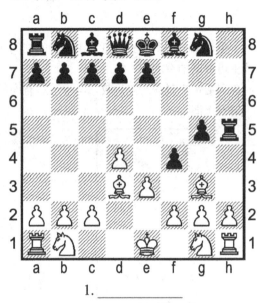

1. _____

23. 出自格列科笔记，1619

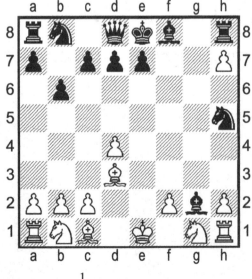

1. _____

24. 博德韦尔斯松—奥拉夫斯松

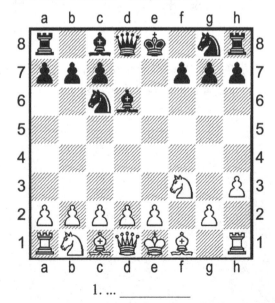

1. ... _____

斜线杀（以后作象）

25. 伊姆比什—格林格，1899

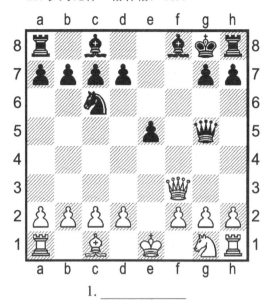

1. _____

26. 教学示例

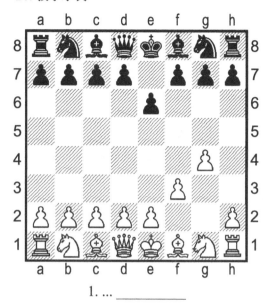

1. ... _____

27. 恩杰尔斯松—哈尔茨通，1972

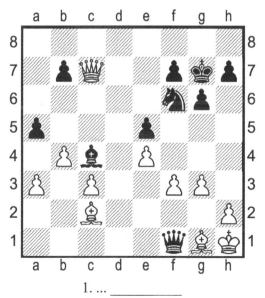

1. ... _____

28. 格拉德多克—米泽斯，1939

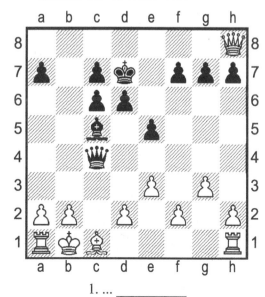

1. ... _____

斜线杀（用马）

29. 弗兰克尔—无名氏，1934

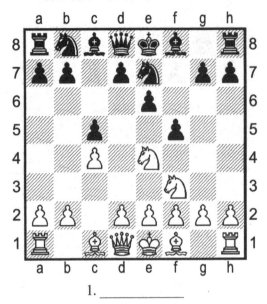

1. _____

30. 季霍夫—布列季欣，1978

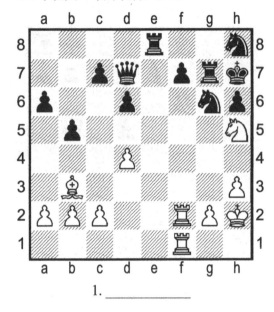

1. _____

31. 伊瓦绍夫—马尔滕诺夫，1973

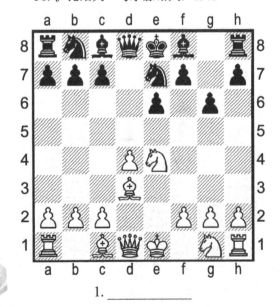

1. _____

32. 马里扬诺维奇—日万农，1946

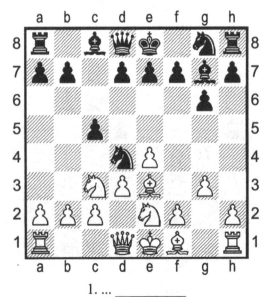

1. ... _____

第三课 水平（垂直）杀

如果敌方王在水平线（或垂直线）上，且周围无防守，此时叫将需用重子——车（或后）。请看下图：

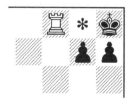  

车（或后）发起将杀，他们（原本在水平线上）也可以在垂直线方向上攻击（即可扭转90度）。请看下图：

车或后在组合进攻中可打击3（2）个格子。

8 行水平杀，用车

33. 科尔恩菲利特—古克利，1965

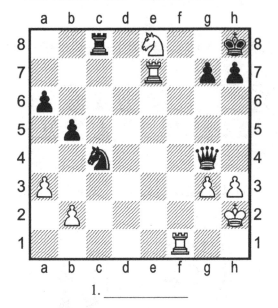

1. _____

34. 尼孔诺夫—哈尔金，1981

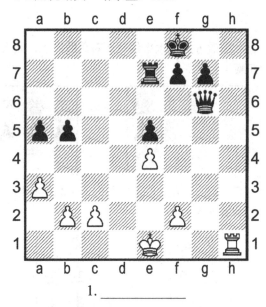

1. _____

35. 马科贡诺夫—弗洛尔，1942

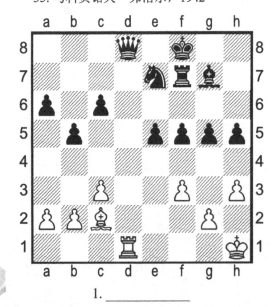

1. _____

36. 克列斯—列文维什，1949

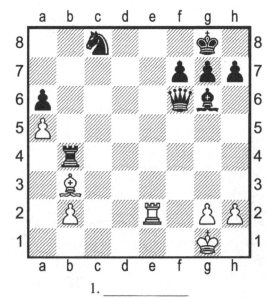

1. _____

8 行水平杀，用后

37. 教学示例

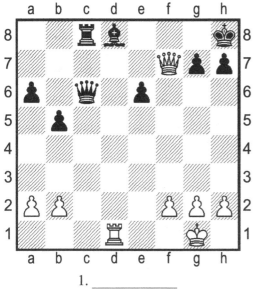

1. _____

38. 杰伊—迈尔斯，1974

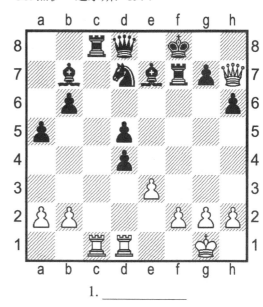

1. _____

39. 谢利夫金—别洛乌先科

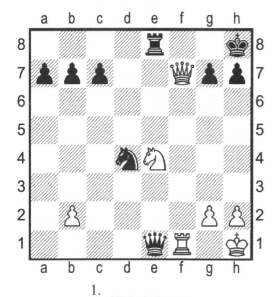

1. _____

40. 列季—博戈柳博夫，1924

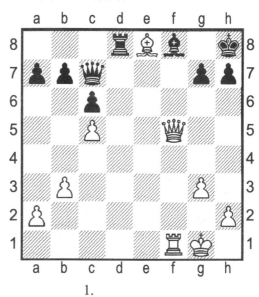

1. _____

1 行水平杀，用车

41. 采连达特瓦—普列夫扎夫，1949

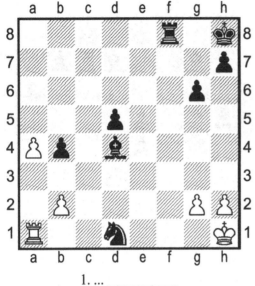

1. ... _____

42. 帕利—梅尔库洛夫，1969

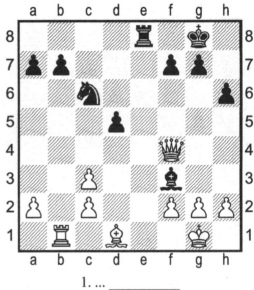

1. ... _____

43. 别尔恩什捷伊恩—卡帕布兰卡

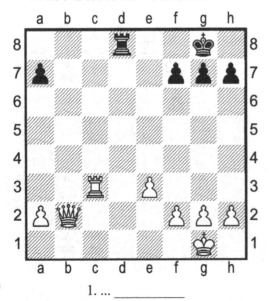

1. ... _____

44. 加尔列尔—奥斯托姆奇，1969

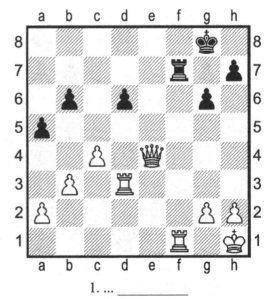

1. ... _____

1 行水平杀，用后

45. 教学示例
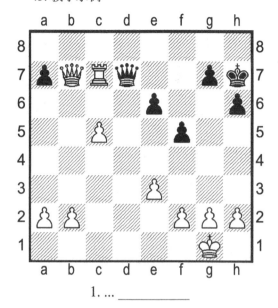
1. ... _____

46. 巴赫季亚尔—利安克，1961
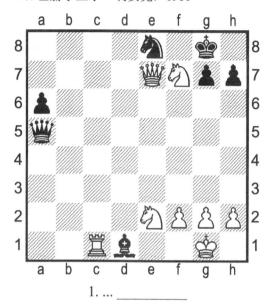
1. ... _____

47. 阿林克—克劳先·罗先卢特
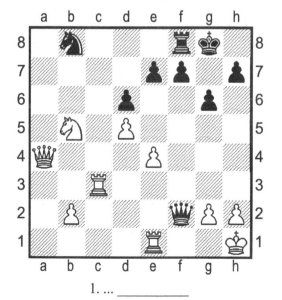
1. ... _____

48. 教学示例
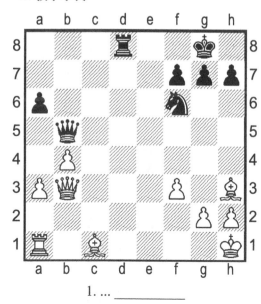
1. ... _____

垂直杀用车或用后

49. 教学示例
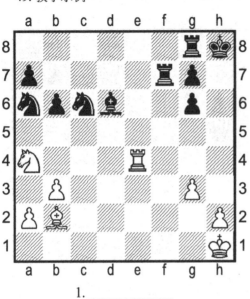
1. _____

50. 阿利宾—别尔恩什捷伊恩，1904
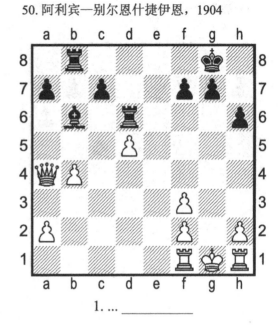
1. ... _____

51. 索尔捷尔—布里特，1947
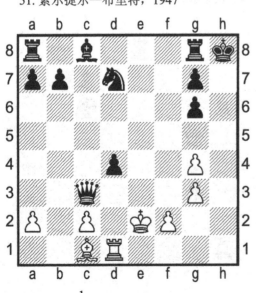
1. _____

52. 教学示例
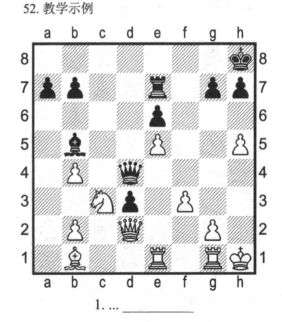
1. ... _____

第四课 肩章形杀

这种方式能够完全展示出后的威力——在进攻中可控制各条线上3～5个格子。

典型"肩章形杀"

在下列使用"肩章形杀"的绝杀局中,某一"肩章"似乎已在棋盘之外,但其功效不言而喻。

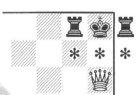  

肩章形杀，用后

53. 拉基奇—戈韦达里察，1975

54. 斯捷伊尼茨—无名氏，1861

55. 弗列伊西克—什列赫捷尔，1899

56. 祖耶夫—瓦尔拉莫夫，1982

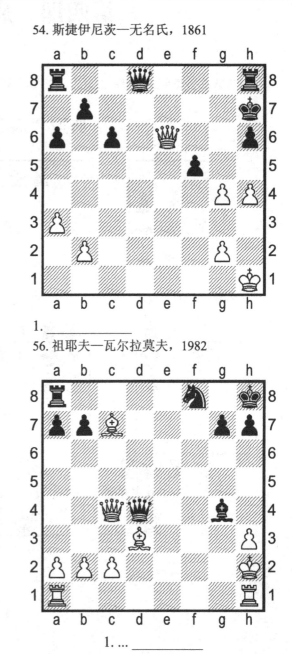

1. _____

1. _____

1. ... _____

1. ... _____

肩章形杀，用后

57. 戈兰—什季夫，1950

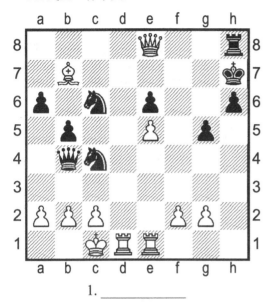

1. _____

58. 特·多尔利，1763

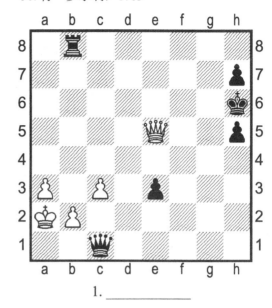

1. _____

59. 莫尔菲—无名氏，1858

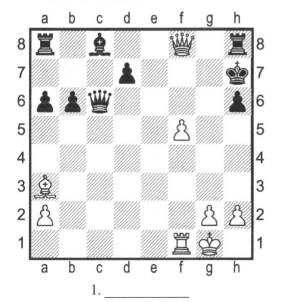

1. _____

60. 教学示例

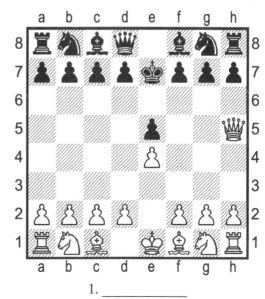

1. _____

肩章形杀（8行和斜线）

61. 艾特肯—佩伊恩，1962

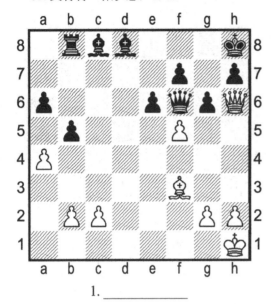

1. _____

62. 莫夫西相—阿·库济明，1985

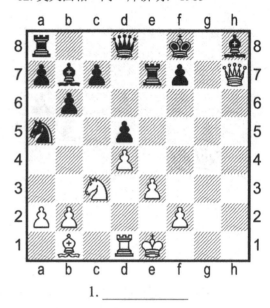

1. _____

63. 阿列欣—弗里缅，1924

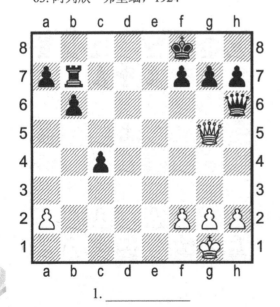

1. _____

64. 阿格扎莫夫—鲁杰尔费尔，1974

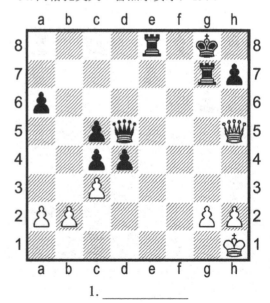

1. _____

肩章形杀（1行和斜线）

65. 叶菲莫夫—布龙什捷伊恩，1942

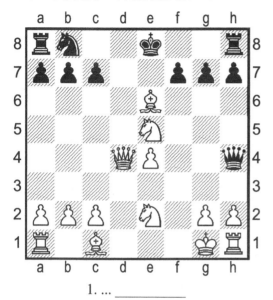

1. ... _____

66. 包特—马尔坚诺特，1982

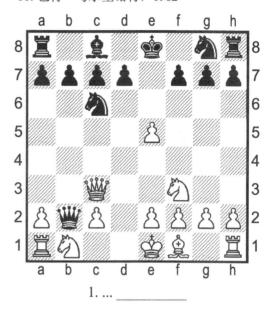

1. ... _____

67. 伊科拉耶夫斯基—斯梅斯洛夫

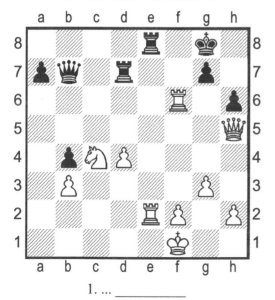

1. ... _____

68. 阿尔曼姆斯—桑德列尔，1982

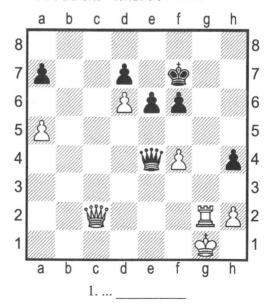

1. ... _____

肩章形杀（h列和斜线）

69. 叶·夫拉季米罗夫—阿格扎莫夫

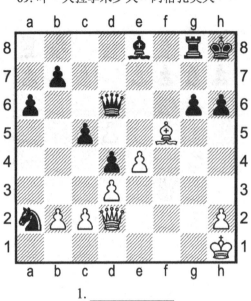

1. _____

70. 捷伊列尔—吉采斯库，1956

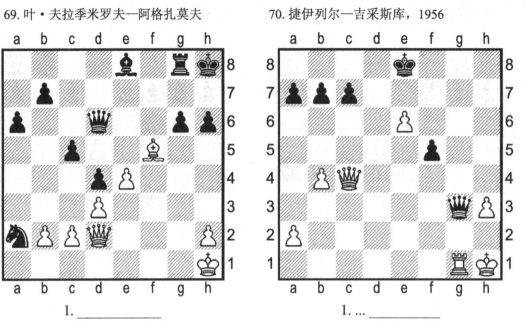

1. ... _____

71. 斯梅伊卡尔—阿多里扬，1972

1. _____

72. 无名氏—安杰尔森，1872

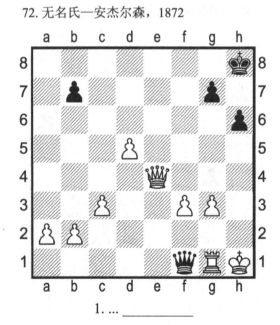

1. ... _____

肩章形杀（8行和斜线）

73. 格尔捷尔—舍伊普利，1957

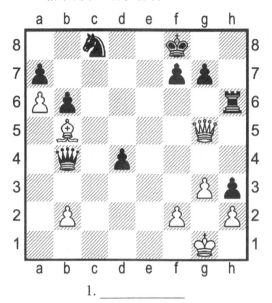

1. _____

74. 克韦列茨基—罗斯林斯基

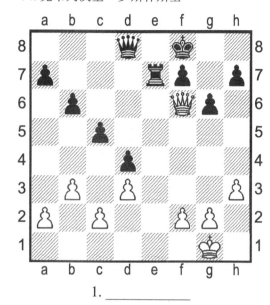

1. _____

75. 安托申—茨韦特科夫，1965

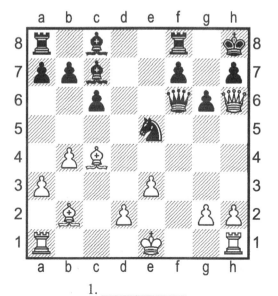

1. _____

76. 列季—敦克利布卢姆，1914

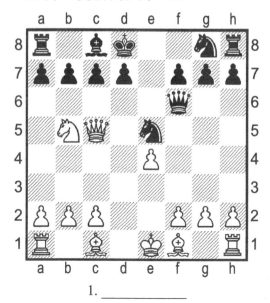

1. _____

肩章形杀（1行和斜线）

77. 教学示例

78. 季兹达利伊—萨克斯，1978

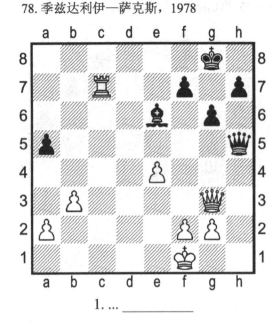

1. _____   1. ..._____

79. 教学示例

80. 约翰—久巴尔，1974

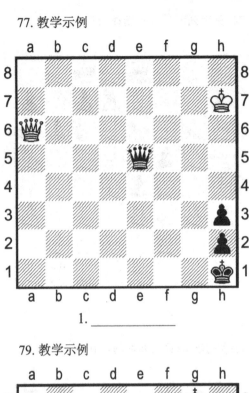
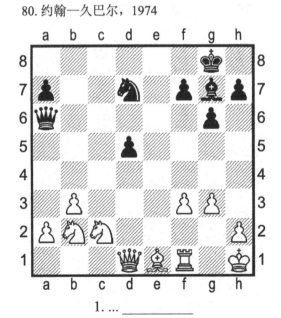

1. ..._____   1. ..._____

自己试试吧！

81. 洛维茨基—塔尔塔科韦

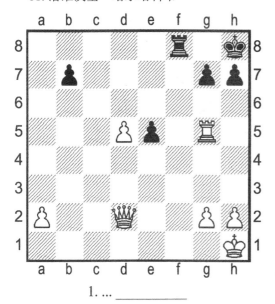

1. ..._____

82. 温齐克尔—萨拉楚，1970

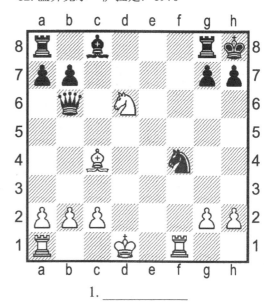

1. _____

83. 克兰茨利—克劳泽，1939

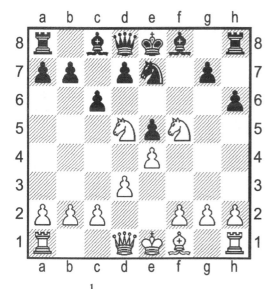

1. _____

84. 戈洛韦伊—列马奇科，1970

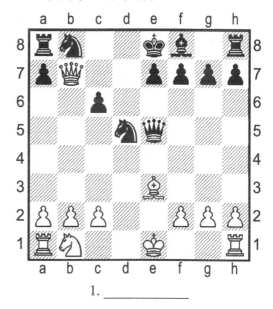

1. _____

自己试试吧！

85. 格林克—安杰尔先，1973

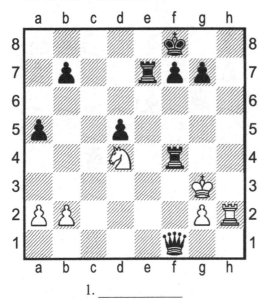

1. _____

86. 教学示例

1. _____

87. 拉尔森—埃伊格伦特，1961

1. ... _____

88. 罗斯—无名氏，1906

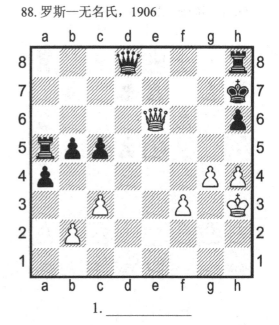

1. _____

自己试试吧！

89. 埃格利季耶—卡梅尔格劳济耶

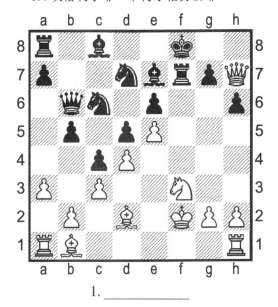

1. _____

90. 奥利舍夫斯基—切里亚克，1979

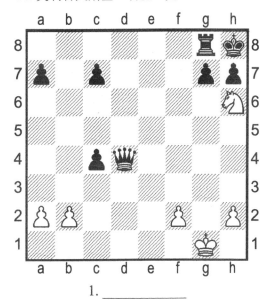

1. _____

91. 伊利亚佐夫—伊斯马图尔拉耶瓦

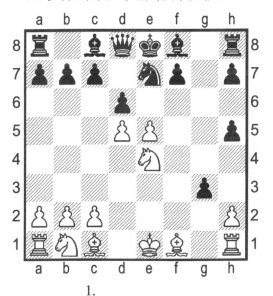

1. _____

92. 弗里德曼—列格代恩斯基

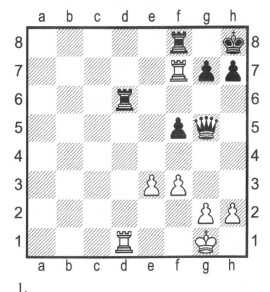

1. _____

自己试试吧！

93. 布基耶—安杰尔先，1961

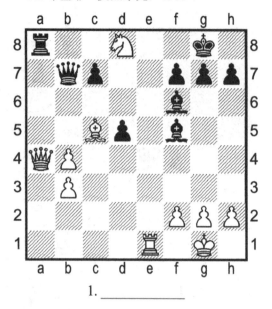

1. _____

94. 列维京纳—戈尔佐瓦，1978

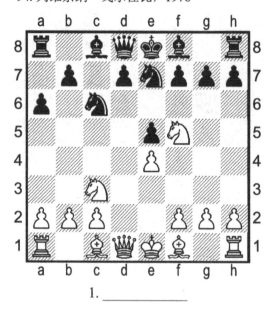

1. _____

95. 克洛奇科夫—谢尔金，1955

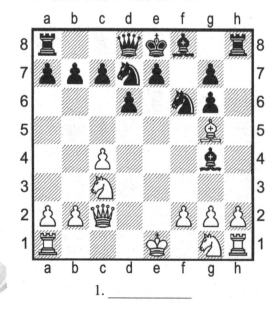

1. _____

96. 教学示例

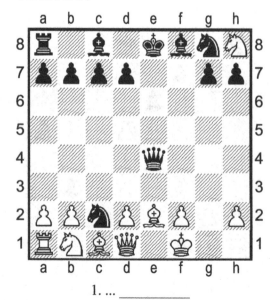

1. ... _____

自己试试吧!

97. 利斯科夫—穆奇尼克，1958

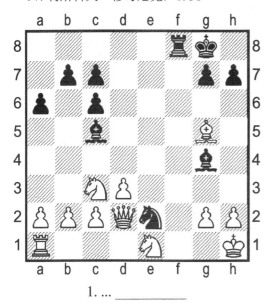

1. ... _____

98. 东涅尔—巴利采罗夫斯基

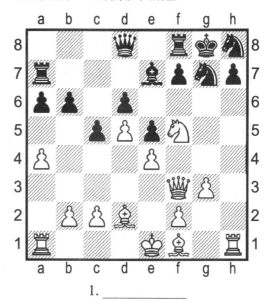

1. _____

99. 辛季克—采巴洛，1978

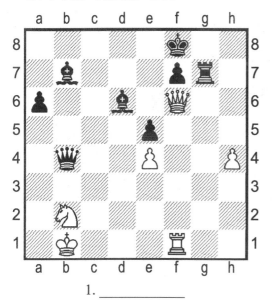

1. _____

100. 帕拉蒙诺夫—舍赫特曼

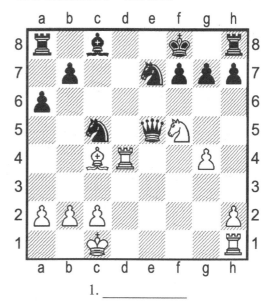

1. _____

第二部分

残局（一）

成者王侯

王兵对单王（一步杀）

"要记住，会用小兵是取得最终胜利的必不可少的因素。所有的世界冠军都有其独特的技法和控制棋局的艺术魅力。"

——卡帕布兰卡，世界冠军

序言

如此美妙！这就是荣誉！激烈的战斗已经结束，让我们再开新局！
棋盘上英勇的小兵出去为王解围，就在一瞬间，他胜利了！

短歌

王者激荡，士兵誓随。
王说：要胜利！另一王答：自己来打！
热情会消逝，才智终用尽，战斗至此方休——一切都是它的罪过。

结语

哪怕只是个小兵，
哪怕只走了一格，
都有自己的位置，都有自己的作用。

——巴·巴.罗日科夫

第五课　赛前准备

术语词典

① 王棋受困——王无位可走，无子可动。
② 通道——卒的前方和左右两方均无对方小兵。
③ 升变格——在该区域内兵可变为除王以外的其他棋子
④ 进攻——采取威胁态势。
⑤ 增援——攻击己方棋子（小兵）。（防卫的一种）
⑥ 两步——棋局开始时小兵可以走两格。
⑦ 王对王——对王攻击
⑧ 符号：
=，+－——平局，白方胜

我们来比赛——"热身赛"一步逼和

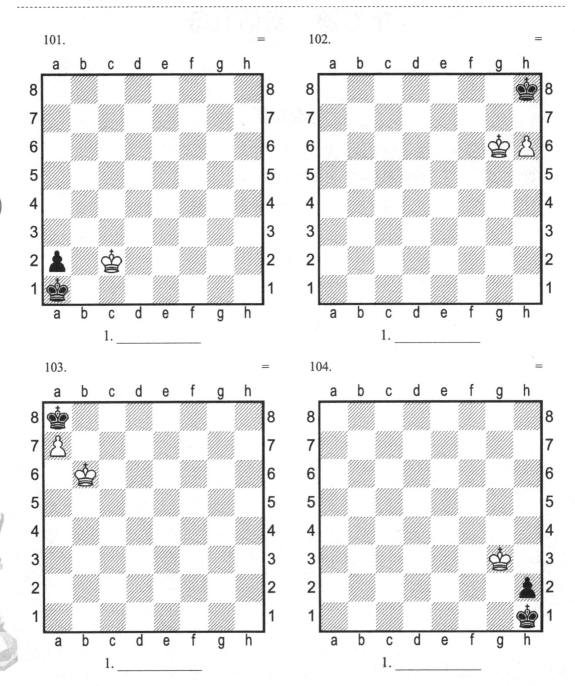

我们来比赛——"热身赛" 一步逼和

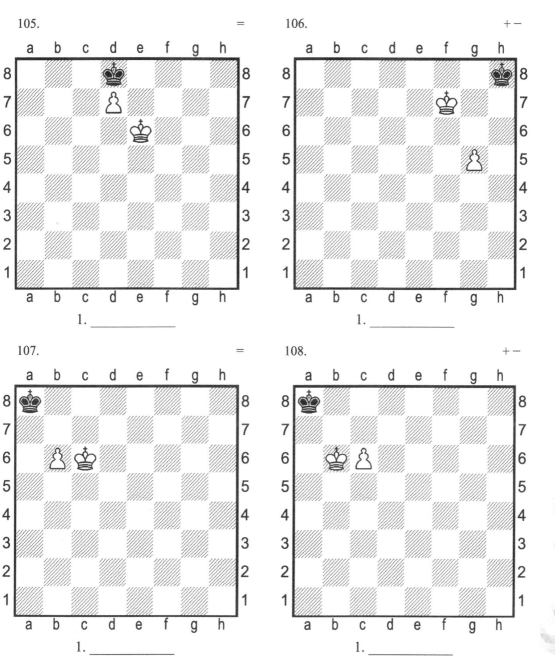

105. =

1. _____

106. +−

1. _____

107. =

1. _____

108. +−

1. _____

我们来比赛——"热身赛"

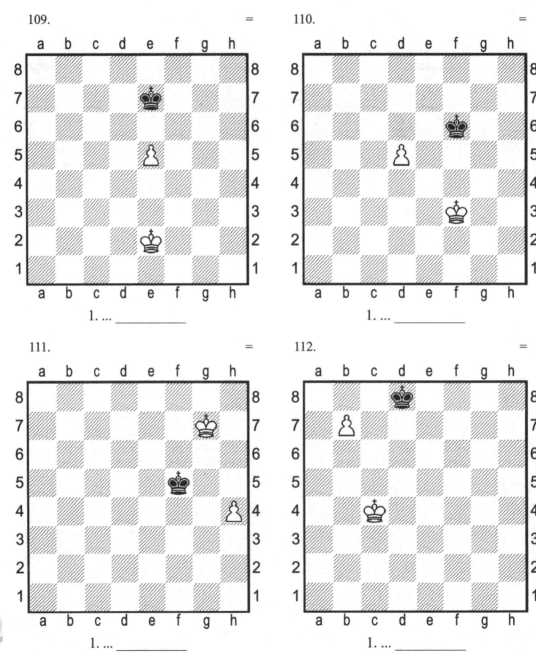

109.　=

1. ... _____

110.　=

1. ... _____

111.　=

1. ... _____

112.　=

1. ... _____

我们来比赛——"热身赛"

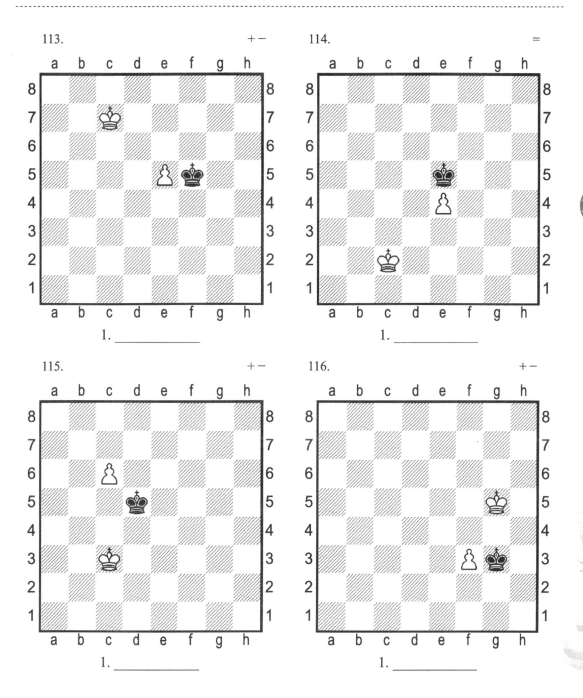

113.　　　　　　　　　+−
1. _____

114.　　　　　　　　　=
1. _____

115.　　　　　　　　　+−
1. _____

116.　　　　　　　　　+−
1. _____

在图下写出进攻名称

117.
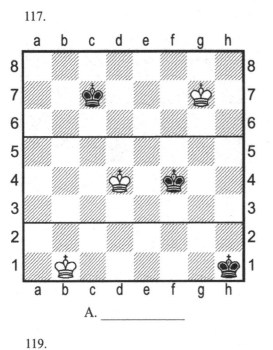
A. _____

118.
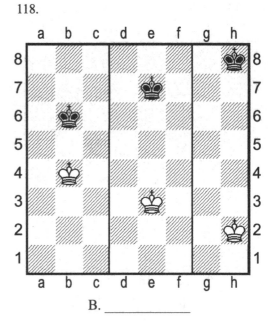
B. _____

119.
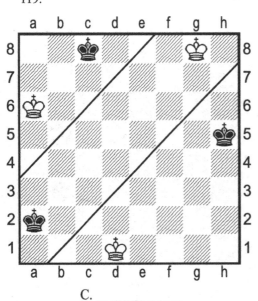
C. _____

120.
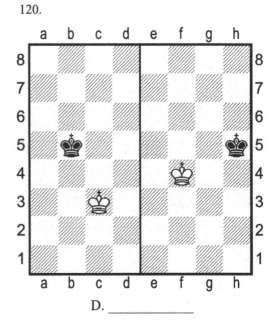
D. _____

第六课　正方形法则

术语词典

正方形——两边格数相同的区域。

兵的正方形——双方到升变格的区域内格子数量相同，其中包括兵，但位于2(7)行上的兵不算在内。

在构建的正方形中有两条对角线。

正方形法则

如果王已进入或即将进入兵的正方形，则兵可以吃王。

牢记节点

1. 如果兵还未动，所建正方形可不将其包裹在内，因其可走两步进入该区域。
2. 尽量不在空白范围内构建正方形。
3. 在王和兵中间不应有障碍。

写出小兵构建出的方形坐标

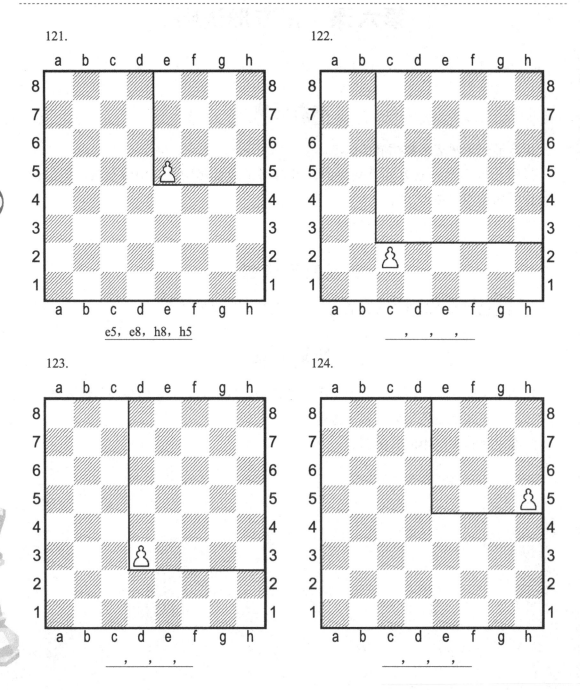

121. e5，e8，h8，h5

122. ___，___，___

123. ___，___，___

124. ___，___，___

指出方场范围（按对角线划分）

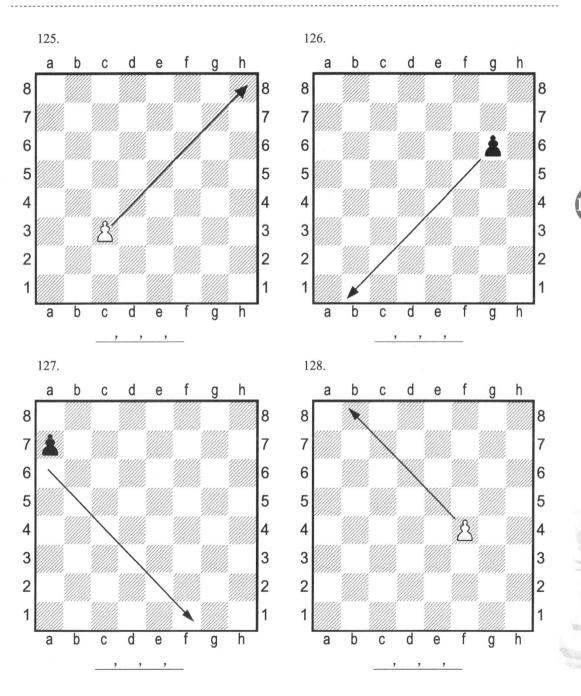

指出方场范围（王是否在场内？）

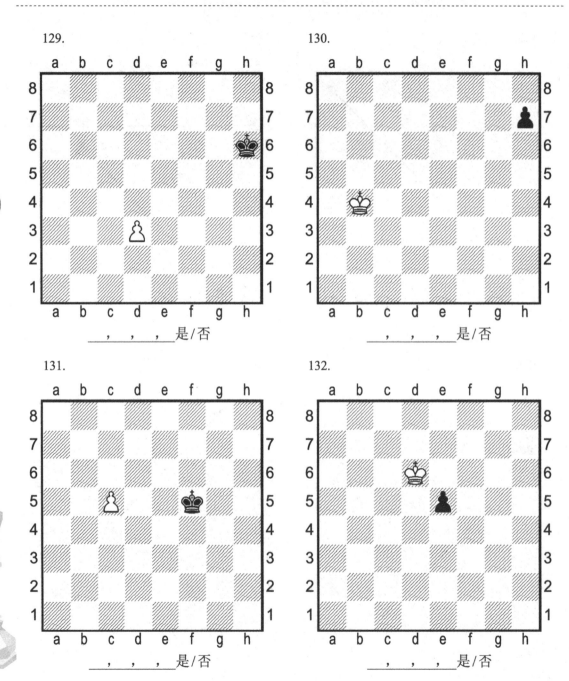

129.

_____ , _____ , _____ 是/否

130.

_____ , _____ , _____ 是/否

131.

_____ , _____ , _____ 是/否

132.

_____ , _____ , _____ 是/否

走兵，缩小方场范围（定胜负）

133.

134.

135.

136.

1. _____ =, +−

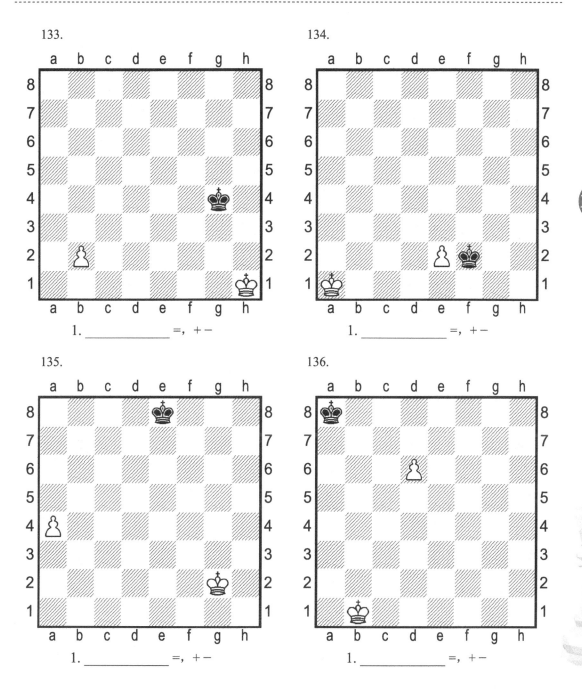

兵不动，将王控制在方场内

137. =

138. =

139. =

140. =

1. _____

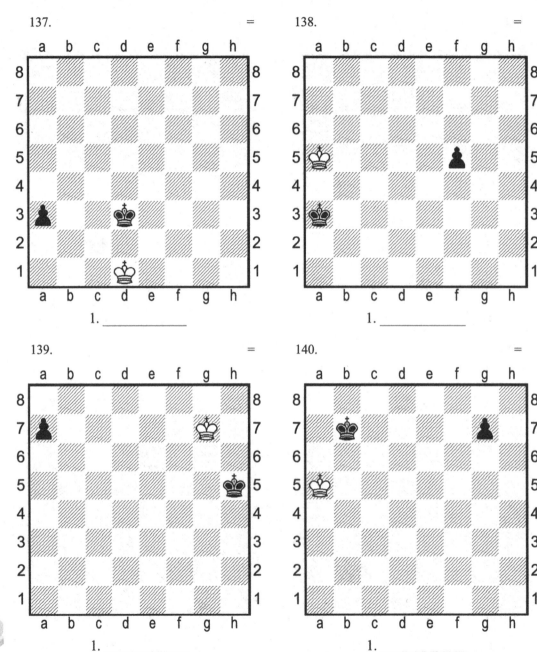

第七课　封锁战术

术语词典

封锁格——垂直线上，兵前有王，使之无位可动。

备用封锁格——垂直线上，兵前有封锁格。

障碍——限制棋子（王）运动的棋格。

擒获（吃子）——两王之间间距1个棋格、3个棋格和5个棋格。

牢记节点

1. 吃掉敌方兵前最近的棋子（相距一格）可奠定封锁局势（不是车兵残局）。
2. 拥有封锁格即本局结果已定。
3. "王不应把兵推走，而要随身带着他。"（国际象棋大师，格里高利耶夫）

兵升变，控制王

141. +−

142. +−

143. +−

144. +−

1. _____

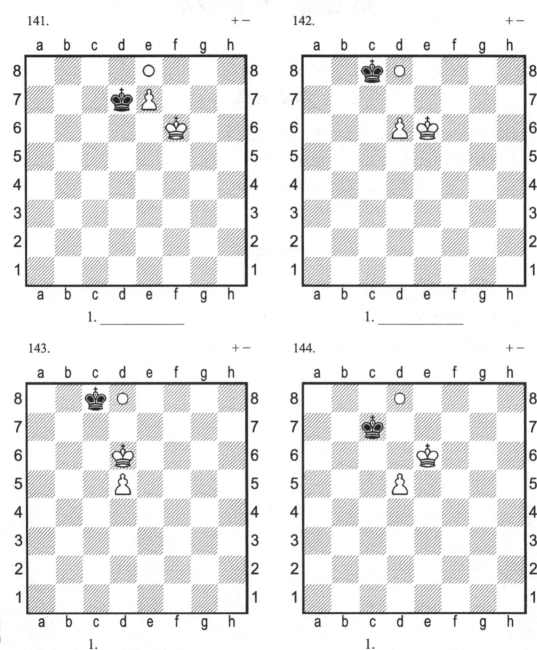

在敌方进攻王的道路上增加屏障

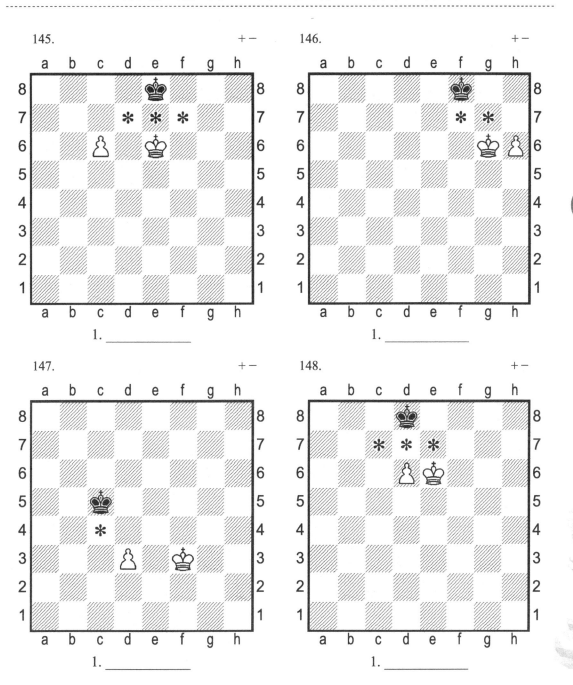

145. +−

1. _____

146. +−

1. _____

147. +−

1. _____

148. +−

1. _____

在阻塞路段中移动王位

149. =
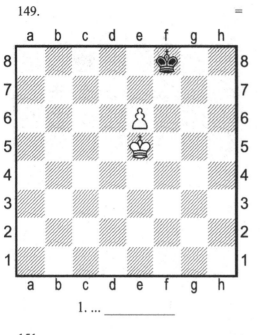
1. ... _____

150. =
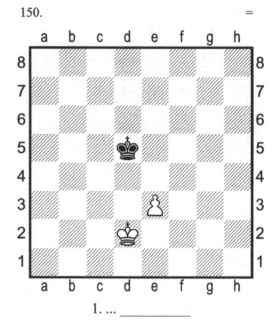
1. ... _____

151. =
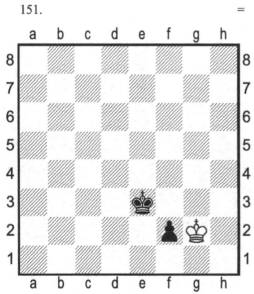
1. _____

152. =
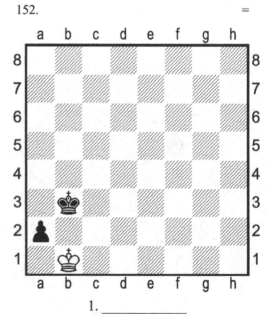
1. _____

在阻塞路段中移动王到后备位

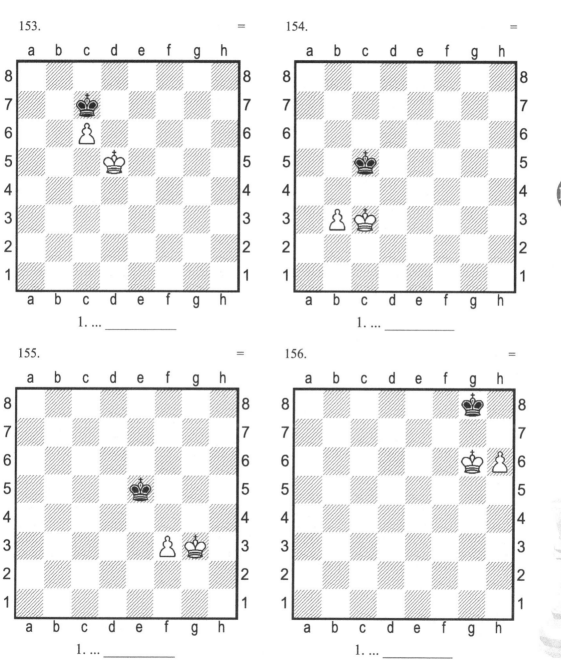

1. ... _____
1. ... _____
1. ... _____
1. ... _____

近位夺王

157. 垂直线

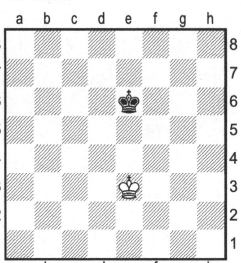

1. _____

158. 水平线

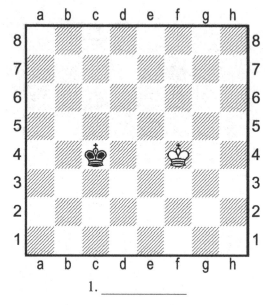

1. _____

159. 对角线

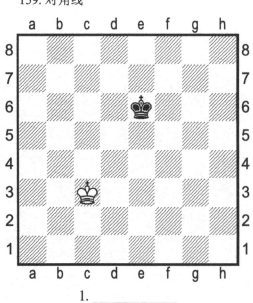

1. _____

160. 走马线

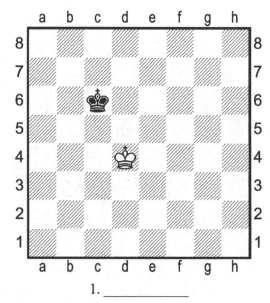

1. _____

走王反击（沿底线或垂直线）

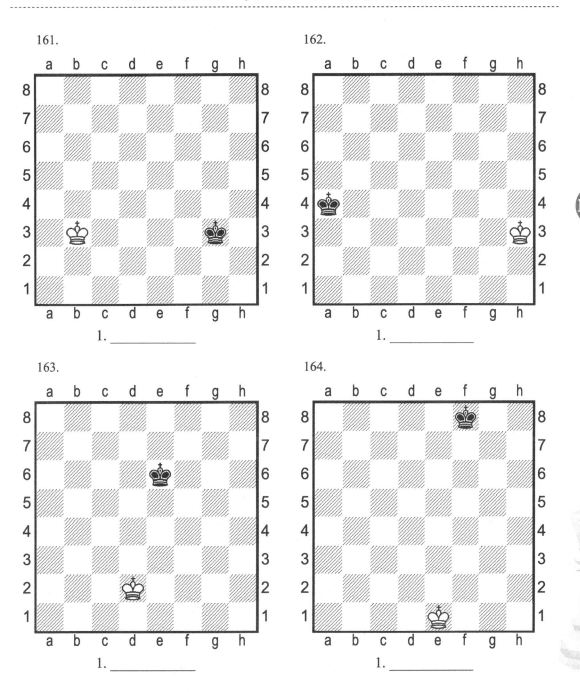

强王控制垂直线上的进攻

165. +−
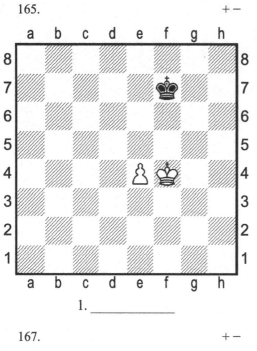
1. _____

166. +−
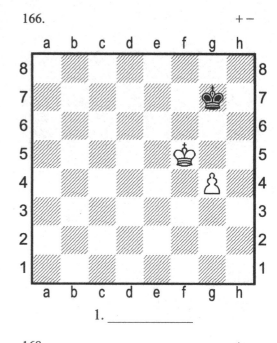
1. _____

167. +−
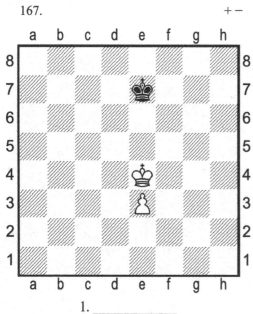
1. _____

168. +−
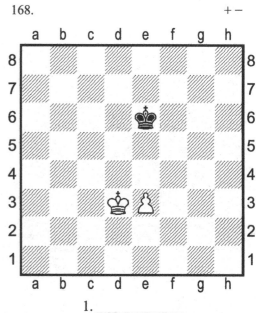
1. _____

弱王控制垂直线上的进攻

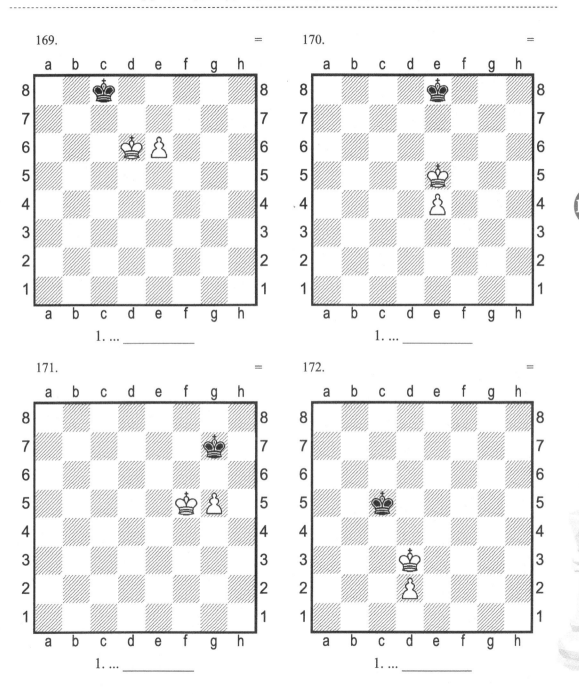

169.　　　　　　　　　　=

1. ... _____

170.　　　　　　　　　　=

1. ... _____

171.　　　　　　　　　　=

1. ... _____

172.　　　　　　　　　　=

1. ... _____

用后备兵控制垂直线上的进攻

173. +−

174. +−

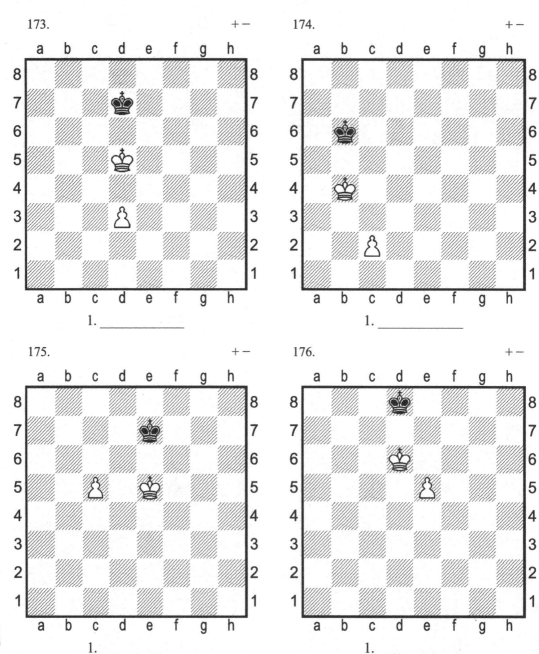

1. _____

1. _____

175. +−

176. +−

1. _____

1. _____

走王反击（沿垂直线或底线）

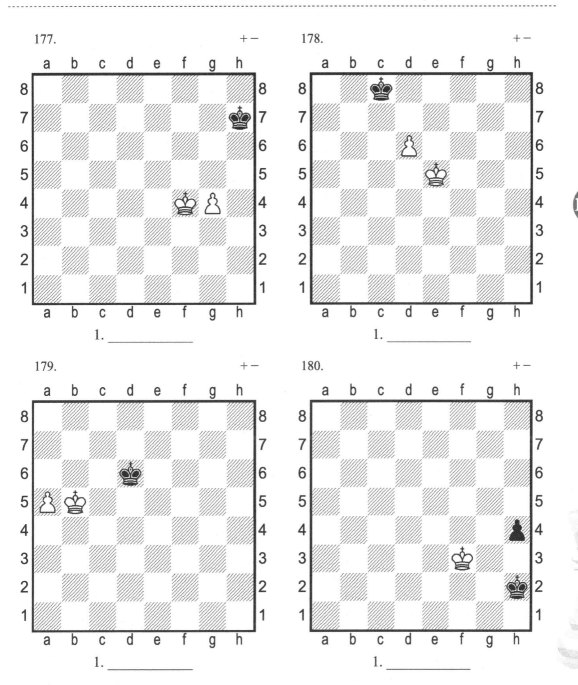

（沿水平线或垂直线）走王反击远程进攻

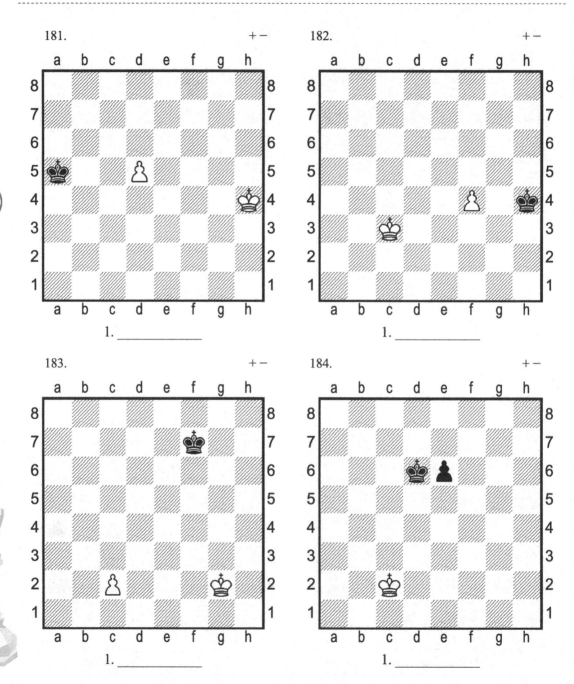

181. +−
1. _____

182. +−
1. _____

183. +−
1. _____

184. +−
1. _____

第八课　王之灯塔

术语词典

关键格——兵前棋格，包括其所在行及左右两行的区域（3格见方）。

车兵关键格分布于马所在线7、8行上（2格见方）。

兵关键格在6（3）行c（f）格。

关键格法则

如果较强一方的王已在关键格中，则获得胜利。

牢记节点

1. 尽量将王放在兵前水平行上。
2. 如果不能保证占领关键格，就不要移动兵，因为在移动中封锁格会向敌方王靠近。
3. 将王尽可能移动到远离敌方王的关键格内。

写下关键通道

185.

186.
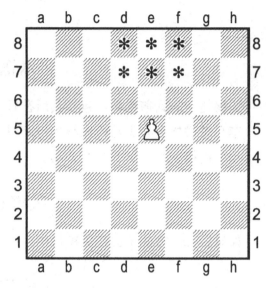

——————— ———————

187.
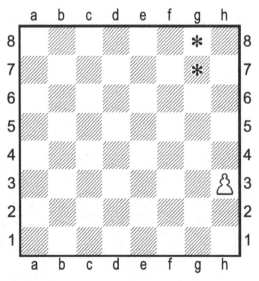

188.
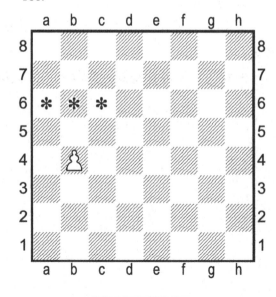

——————— ———————

找出并写下关键通道

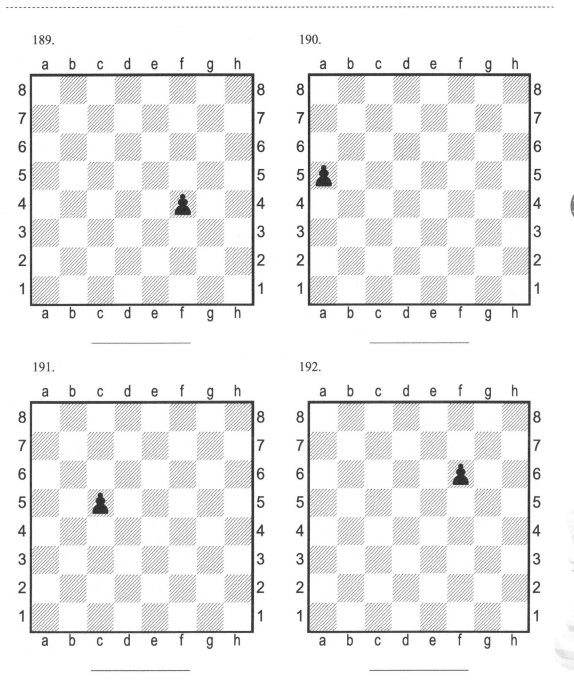

走王至最强攻击位置

193. +−

194. +−

195. +−

196. +−

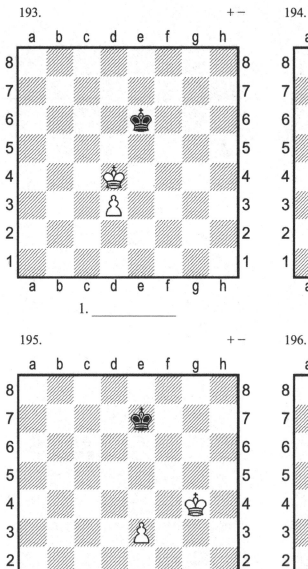
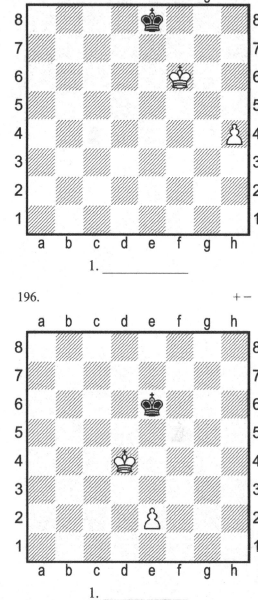

1. _____   1. _____

1. _____   1. _____

走王至关键通道的最强攻击位置

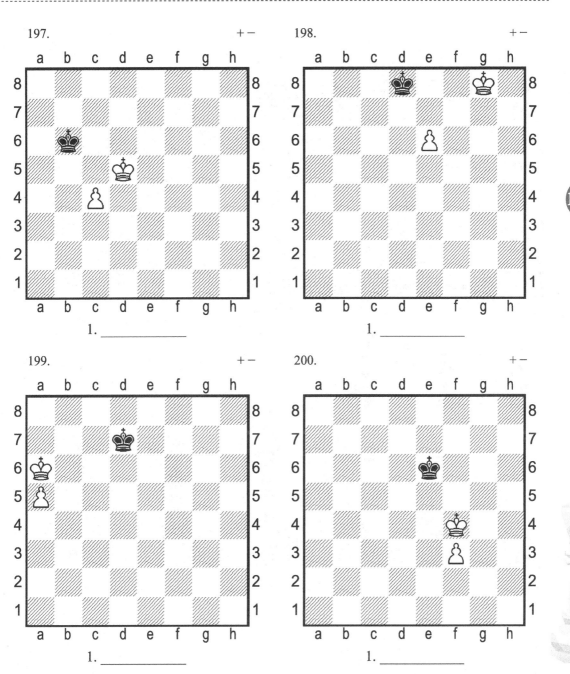

第三部分

残局（二）

懂失败，才会下棋。——彼得罗夫，第一位俄国国际象棋大师

王兵对王（两步杀）

简单的走位蕴含着希望，
没有经验的棋手不会明白，
但依然能感受得到，
每颗棋子都有所能。
"严肃认真地对待每一次残局——是我给每一位新棋手的建议。"
瓦西里·斯梅斯洛夫，世界冠军

第九课 重复 重现

术语表

错误的叫将规则　　如果以兵叫将，而王仍可前进，则兵必然会迟疑。
后备兵　　　　　　兵保持观望姿态，不急于叫将，则可保持后备反扑力量。
败势　　　　　　　无法挽回，任何一步棋都只会让形势更糟。
在此情况下，王被迫后退并将阵地让与对方。

牢记节点

第一，尽力避免王棋受困。
第二，若王不能锁兵，也不要气馁，尽量把王排在相邻格（即备用封锁格）。
第三，尽力再兵前锁死对方。

比比看:"下面该走哪一步?"

201. =

202. +−

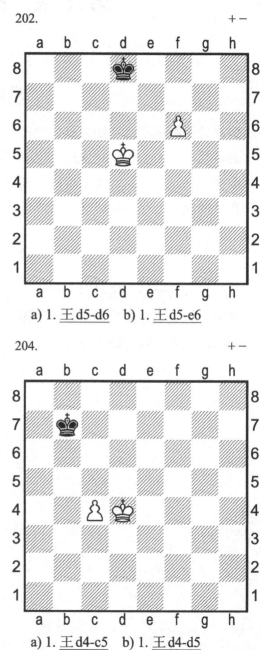

a) 1. 王d1-e2   b) 1. 王d1-d2

a) 1. 王d5-d6   b) 1. 王d5-e6

203. +−

204. +−

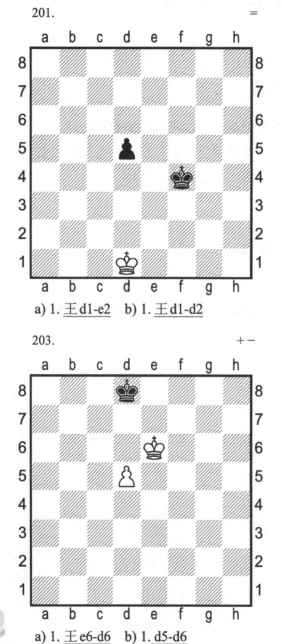

a) 1. 王e6-d6   b) 1. d5-d6

a) 1. 王d4-c5   b) 1. 王d4-d5

比比看:"下面该走哪一步?"

205. =

a) 1. 王e2-e1   b) 1. 王e2-d1

206. =

a) 1. 王d3-c3   b) 1. 王d3-c2

207. +−

a) 1. h4-h5   b) 1. 王g6-g7

208. +−

a) 1. f2-f3   b) 1. 王e4-f4

比比看："下面该走哪一步？"

209. =

210. +−

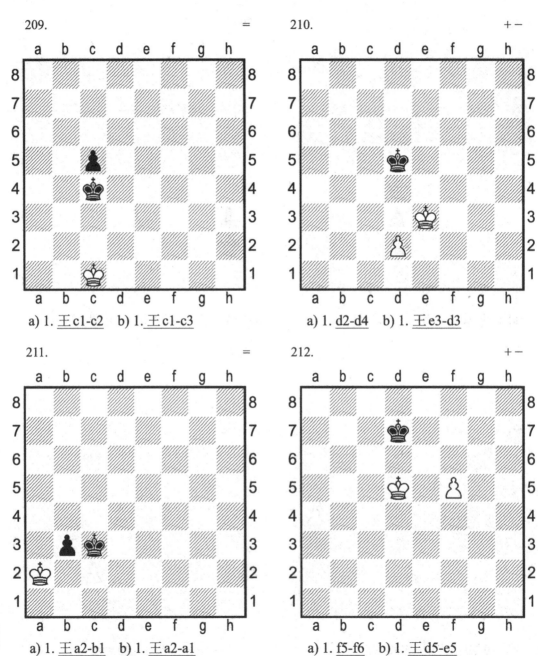

a) 1. 王c1-c2   b) 1. 王c1-c3

a) 1. d2-d4   b) 1. 王e3-d3

211. =

212. +−

a) 1. 王a2-b1   b) 1. 王a2-a1

a) 1. f5-f6   b) 1. 王d5-e5

比比看："下面该走哪一步？"

213. =

214. +−

a) 1. 王 b6-c6　b) 1. 王 b6-c5

a) 1. 王 h1-g2　b) 1. b2-b4

215. +−

216. +−

a) 1. 王 h3-g3　b) 1. 王 h3-g4

a) 1. 王 h2-g3　b) 1. d3-d4

比比看："下面该走哪一步？"

217. +−

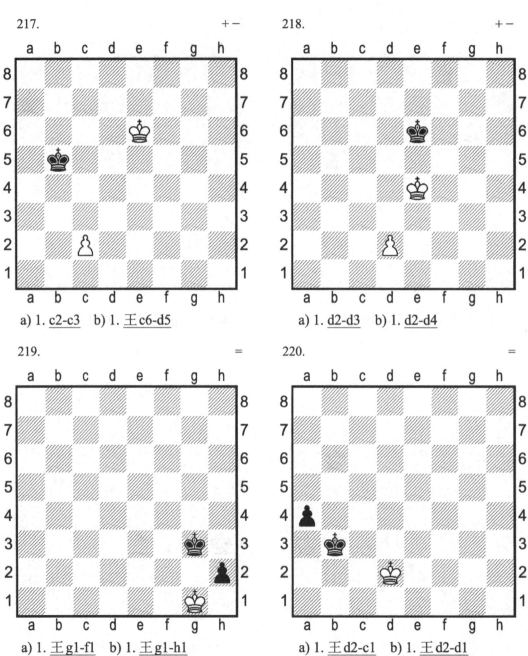

a) 1. c2-c3   b) 1. 王c6-d5

218. +−

a) 1. d2-d3   b) 1. d2-d4

219. =

a) 1. 王g1-f1   b) 1. 王g1-h1

220. =

a) 1. 王d2-c1   b) 1. 王d2-d1

第十课 "保存"敌方棋子

基本规则

若在兵前控制了最远处的敌王,则眼前困境不攻自破。

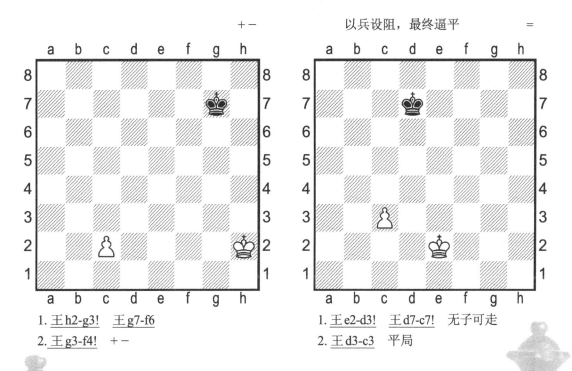

1. 王h2-g3! 王g7-f6
2. 王g3-f4! +−

1. 王e2-d3! 王d7-c7! 无子可走
2. 王d3-c3 平局

牢记节点

第一,要记得首先控制对角线上最近的地方棋子,其次控制竖线上的兵前的敌方棋子。

第二,王在6线时,保持不动即可获胜。

第三,备用兵可打乱敌方进攻节奏,此时称为"强制被动"。

双重控制

221. +−

222. +−

223. +−

224. +−

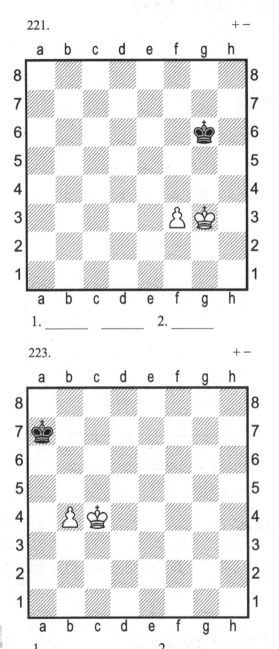
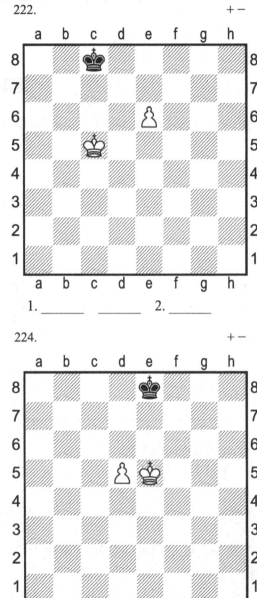

1. _____ 2. _____

控制敌方，走入关键格

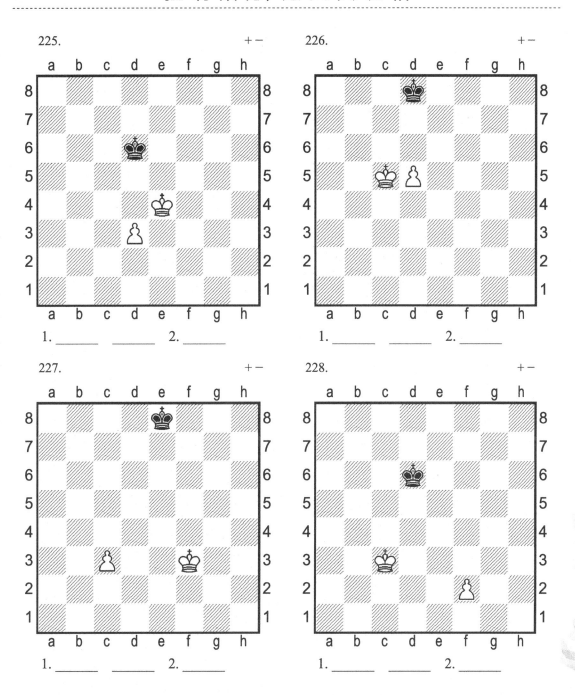

225. +−

1. _____   2. _____

226. +−

1. _____   2. _____

227. +−

1. _____   2. _____

228. +−

1. _____   2. _____

放弃进攻，打乱敌方节奏

229. +−

230. +−

1. _____   2. _____

1. _____   2. _____

231. +−

232. +−

1. _____   2. _____

1. _____   2. _____

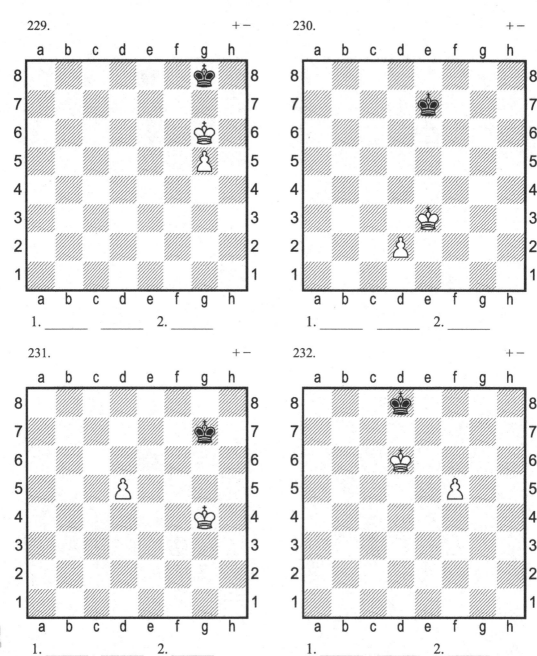

吃子，兵前进，但不叫将

233. +− 234. +−

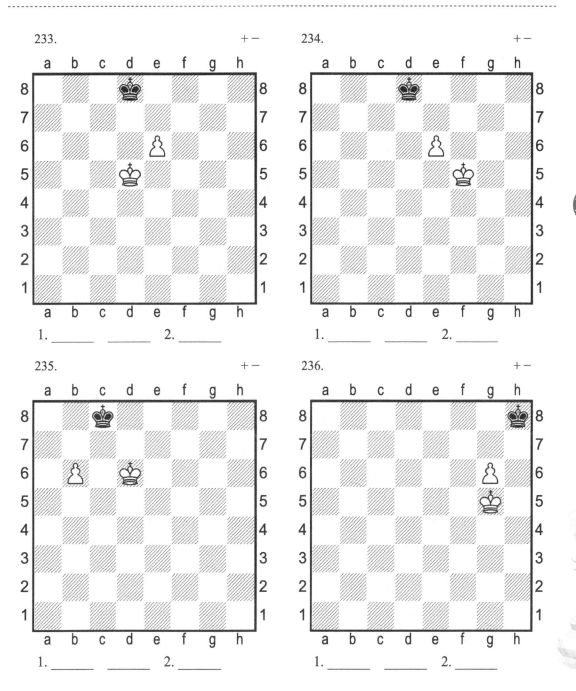

1. _____ _____ 2. _____   1. _____ _____ 2. _____

235. +− 236. +−

1. _____ _____ 2. _____   1. _____ _____ 2. _____

找到抵达最远处关键格的路径

237. +−
238. +−

1. _____ 2. _____

1. _____ 2. _____

239. +−
240. +−

1. _____ 2. _____

1. _____ 2. _____

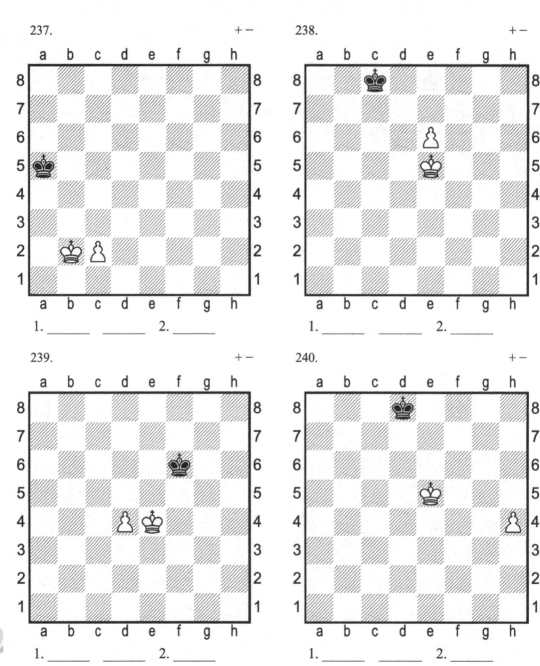

第十一课　备用锁兵格

若不能封锁最近的过路兵前的区域，则应该尽力保证王在垂直线上尽可能靠近兵（备用封锁格）。

这能给我们带来什么？第一，可将之后的棋子都走入封锁格中；第二，可吃子，且王走在兵前。

请看下例：

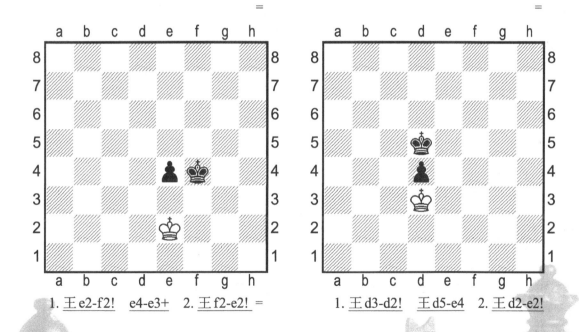

1. 王e2-f2!　e4-e3+　2. 王f2-e2! =

1. 王d3-d2!　王d5-e4　2. 王d2-e2! =

吃子封兵

241. =

242. =

243. =

244. =

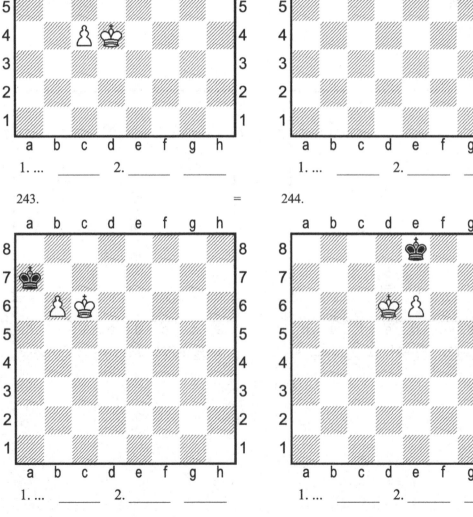

1. ... _____ 2. _____

1. ... _____ 2. _____

1. ... _____ 2. _____

1. ... _____ 2. _____

封兵且离开兵所在行

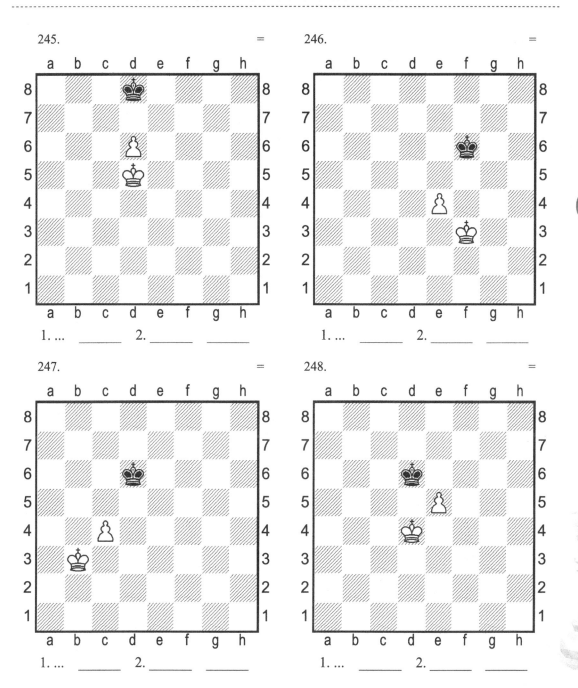

245. =

1. ... _____ 2. _____ _____

246. =

1. ... _____ 2. _____ _____

247. =

1. ... _____ 2. _____ _____

248. =

1. ... _____ 2. _____ _____

退 王 吃 子

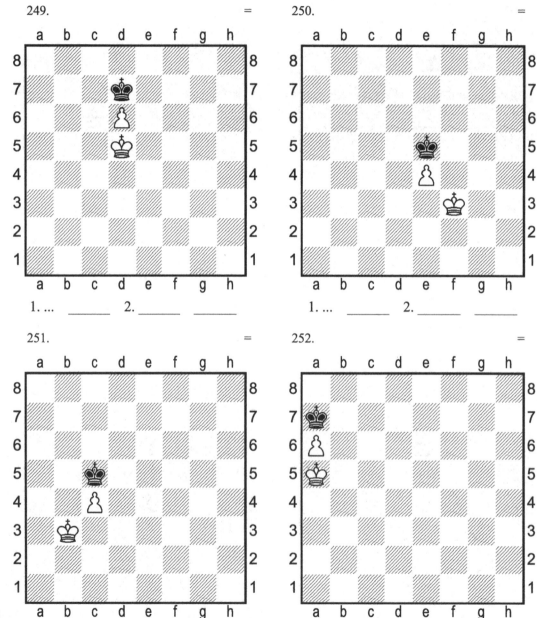

249. =
1. ... _____ 2. _____

250. =
1. ... _____ 2. _____

251. =
1. ... _____ 2. _____

252. =
1. ... _____ 2. _____

以王封兵

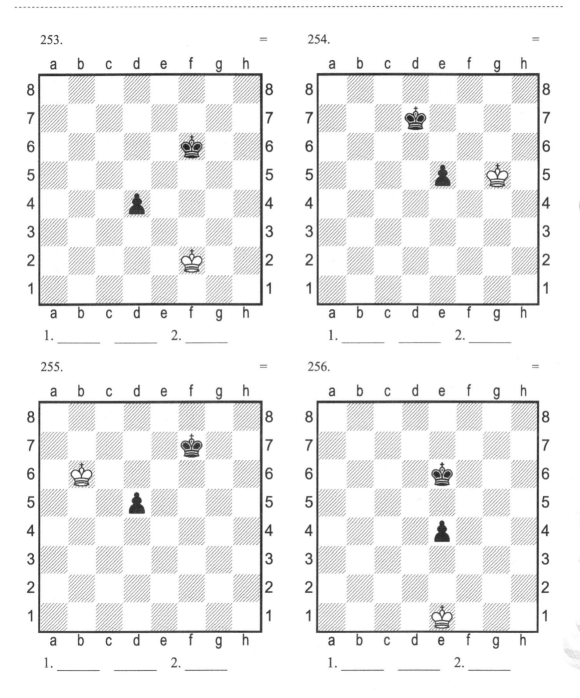

做和（僵局或双王）

257. =

258. =

1. ... _____ 2. _____

259. =

260. +−

1. ... _____ 2. _____

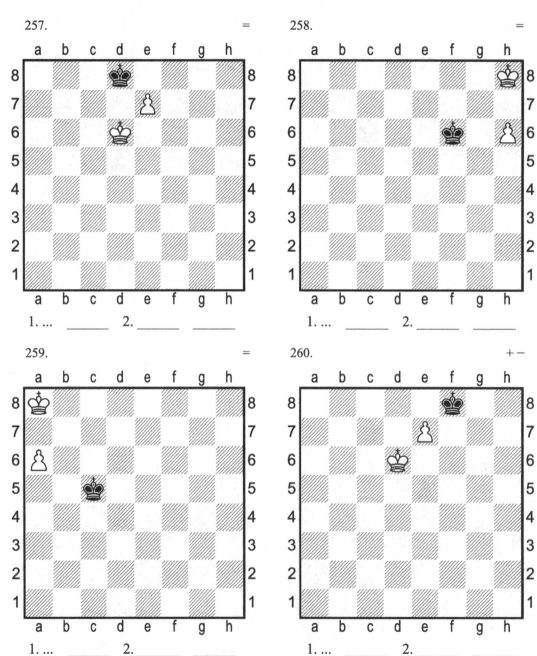

第十二课　典型错误

术语词典

错误 (?)	改编棋局的一步（从赢到平，或从平到输）
严重错误 (??)	改编棋局的一步（从赢到输）
典型错误	基于常识而经常重复的一步
分析	典型走法分析
整合	一系列典型走法的分析

典型错误法则

知道，却忘了（或者根本不知道，也不想知道）

改正错误法则

等待对方犯错（只要对方露出马脚，你一定看得出。）

传统认知法则

知道错误，并不犯错误。

牢记节点

第一，在兵升变前就要提早观察是否会出现僵局。
第二，认真观察自己的局势，防止遗忘或遗漏。
第三，"只要功夫深，铁杵磨成针"

利用敌方失误，修正白棋失误

261. +−

262. =

1. g5-g6? _____ 1. _____

1. 王d3-d4? _____ 1. _____

263. =

264. +−

1. 王a2-b2? _____ 1. _____

1. c5-c6? _____ 1. _____

利用敌方失误，修正白棋失误

265. =
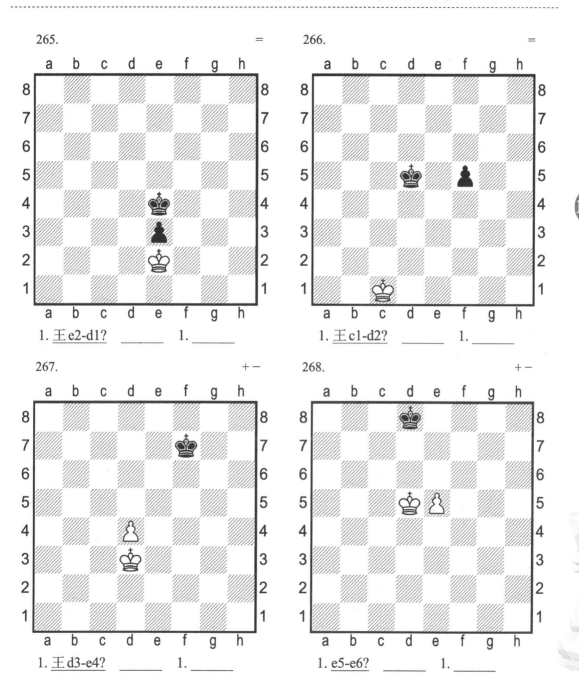

1. 王e2-d1? _____ 1. _____

266. =

1. 王c1-d2? _____ 1. _____

267. +−

1. 王d3-e4? _____ 1. _____

268. +−

1. e5-e6? _____ 1. _____

利用敌方失误来修正错误

269. +−

270. =

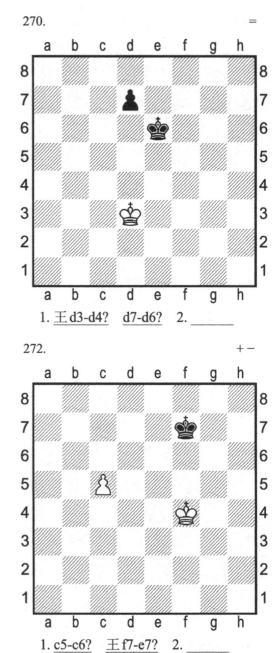

1. g5-g6? 王h7-g8? 2. _____

1. 王d3-d4? d7-d6? 2. _____

271. =

272. +−

1. 王a2-b2? 王c5-c4? 2. _____

1. c5-c6? 王f7-e7? 2. _____

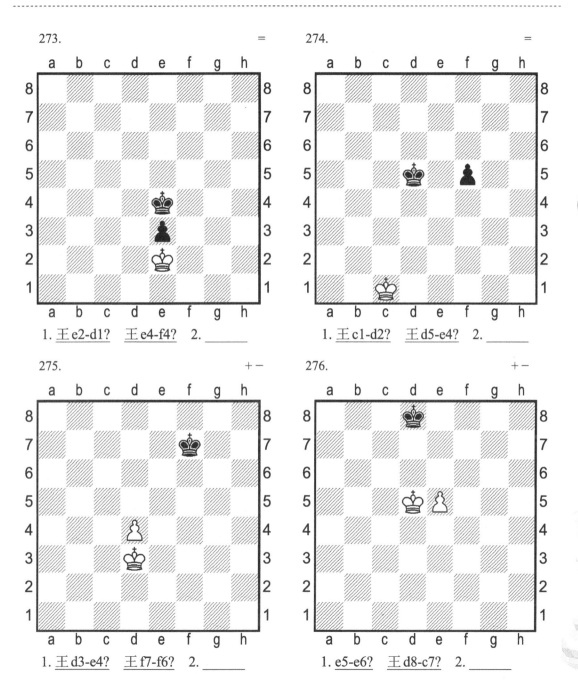

精准打击制胜

277.

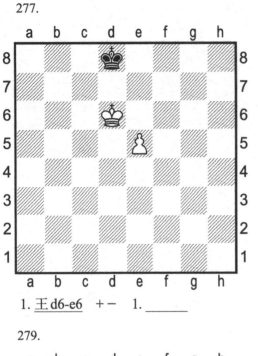

1. 王d6-e6　+−　1. _____

278.

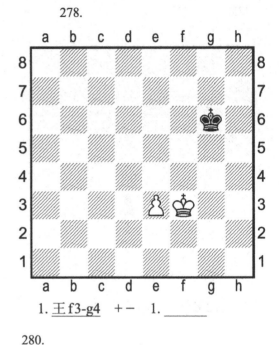

1. 王f3-g4　+−　1. _____

279.

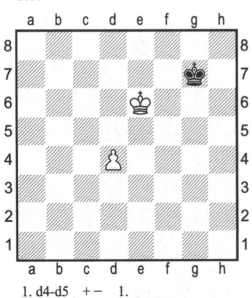

1. d4-d5　+−　1. _____

280.

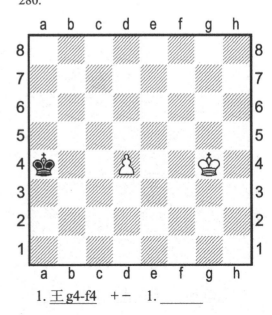

1. 王g4-f4　+−　1. _____

比比看："两步将死"

281.

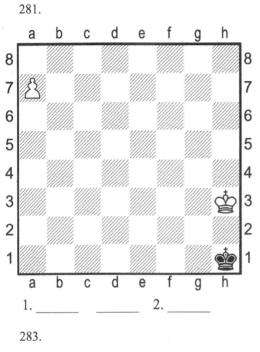

1._____ _____ 2._____

282.

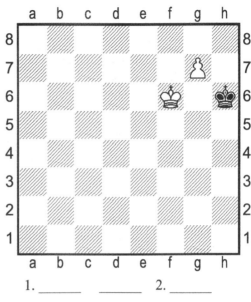

1._____ _____ 2._____

283.

1._____ _____ 2._____

284.

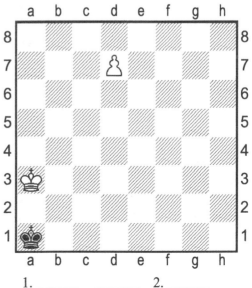

1._____ _____ 2._____

比比看:"两步将死"

285. 阿·恩·克涅斯特,1964

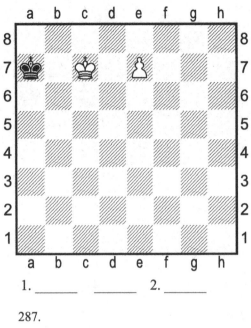

1. _____ 2. _____

286.

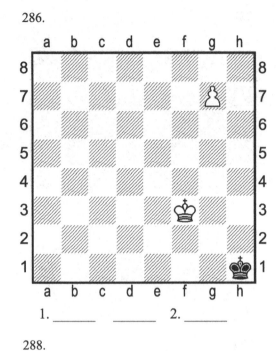

1. _____ 2. _____

287.

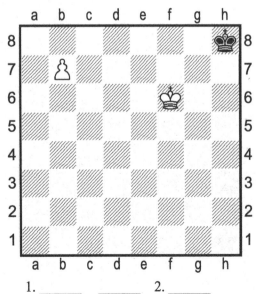

1. _____ 2. _____

288.

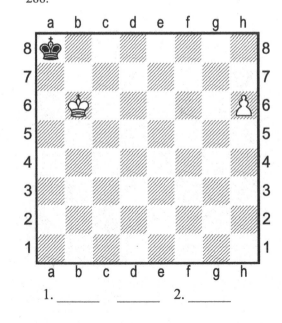

1. _____ 2. _____

比比看:"两步将死"

289.

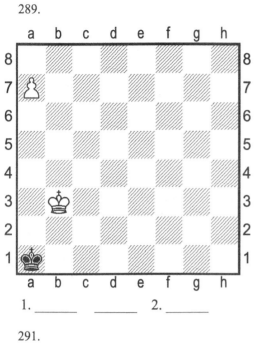

1._____ 2._____

290.

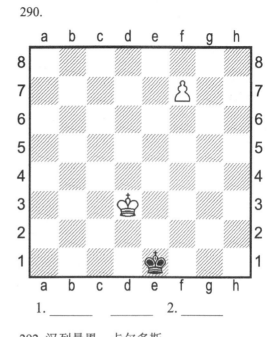

1._____ 2._____

291.

1._____ 2._____

292. 汉列曼恩—卡尔多斯

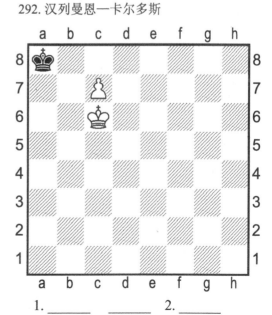

1._____ 2._____

比比看："两步将死"

293. 克·托姆普林松，1845

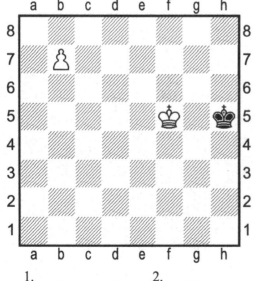

1. _____   2. _____

294. 弗·汉松，1933

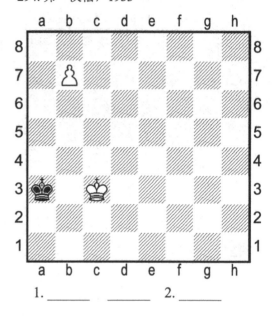

1. _____   2. _____

295. 奥·杰赫列尔，1923

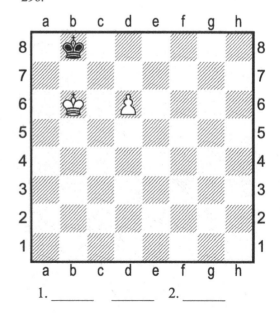

1. _____   2. _____

296.

1. _____   2. _____

比比看："两步将死"

297. 弗·什佩克曼，1969　　+−　　298.　　　　　　　　　+−

299. 叶·弗·库克，1868　　+−　　300.　　　　　　　　　+−

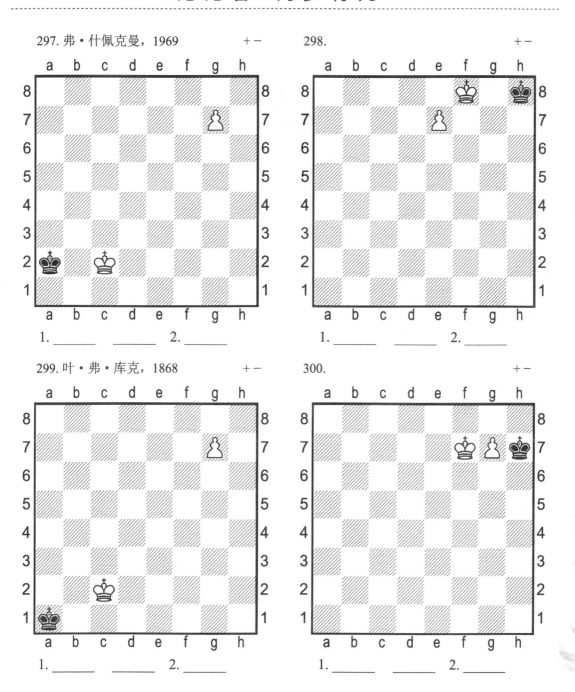

1. _____　_____　2. _____　　　1. _____　_____　2. _____

1. _____　_____　2. _____　　　1. _____　_____　2. _____

第四部分

两步杀

马的双吃

马儿嘶鸣，如雷霆，如铁琴！
自上古时，我们已得见——
马儿骑姿矫健，马儿飒爽驰骋
转至棋盘上，伟大的棋手都欣赏马的步伐。
前尽快，攻击强，得令即脱缰。直吓得后丧胆，车撤退。
叶夫庚伊·伊利恩《开局飞马》

两步杀

两步杀——一招进攻，制约两子。
两步杀——在各个对战阶段都是最常见的战术之一。
两步杀的攻击对象通常是无保护的棋子。
本书中我们将会看到用马两步杀以将死敌方国王。
居于棋盘中央的马可向8个方向进攻敌方。

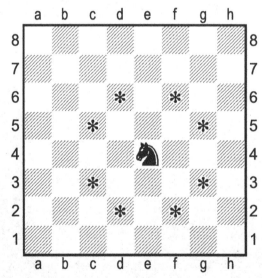

两步杀也被称为"双吃"或"捉双"。下面我们来看六种用马两步杀的不同情况。
叫将一方通常都会有后备力量补充。
本书中所讲的战术战法皆是为了夺取最终胜利。

第十三课　对角线上的两步杀

当被攻击格位于对角线（或白或黑）上，我们来看如何用马两步杀。

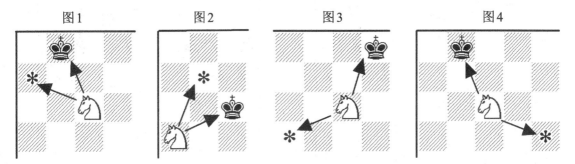

正如我们所见，被攻击格可能在对角线上（如图1，图2），也可能在两子之间（如图3，图4）。

请看下述实例

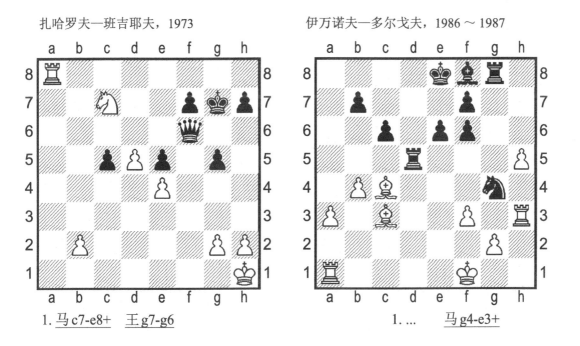

扎哈罗夫—班吉耶夫，1973

1. 马c7-e8+　王g7-g6

伊万诺夫—多尔戈夫，1986～1987

1. ...　马g4-e3+

被攻击格在一侧对角线上

301. 教学示例

302. 斯特赖茨特列姆—巴尔金纳，1978

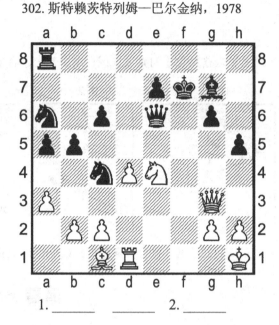

1. _____   2. _____

303. 阿列欣—纳瓦尔罗，1940

304. 布龙什捷伊恩—哈利耶尔丹纳尔松

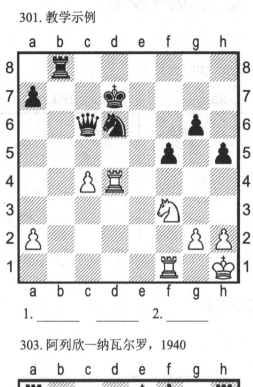

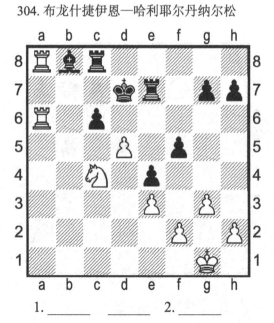

1. _____   2. _____

被攻击格在一侧对角线上

305. 菲舍尔—格利戈里奇，1970

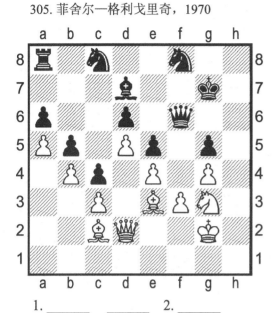

1. _____ _____ 2. _____ _____

306. 无名氏—斯维杰尔斯基，1903

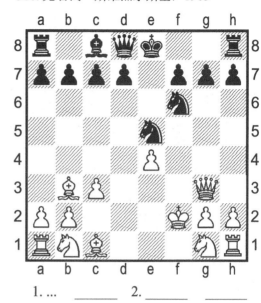

1. ... _____ 2. _____ _____

307. 普里耶戈达—梅敦纳，1986

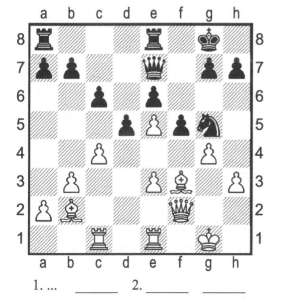

1. ... _____ 2. _____ _____

308. 别里什捷伊恩—无名氏，1903

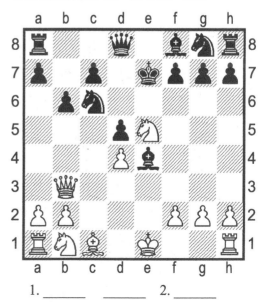

1. _____ _____ 2. _____ _____

被攻击格在一侧对角线上

309. 教学示例

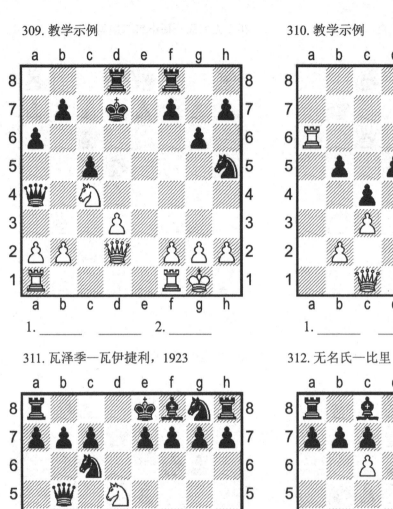

1. _____ 2. _____

310. 教学示例

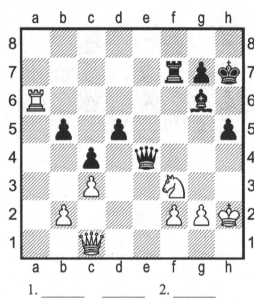

1. _____ 2. _____

311. 瓦泽季—瓦伊捷利，1923

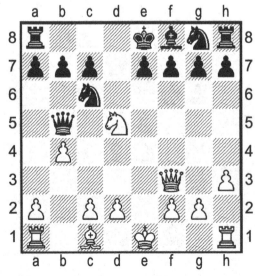

1. _____ 2. _____

312. 无名氏—比里

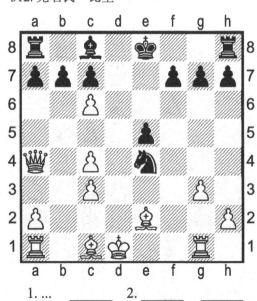

1. ... _____ 2. _____

被攻击格在对角线两侧

313. 阿列克桑杰尔—科尔金格利

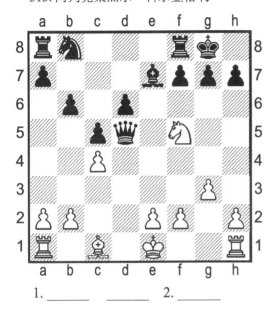

1. _____ 2. _____

314. 别里什捷伊恩—塔尔塔科韦尔

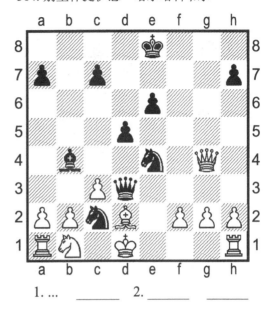

1. ... 2. _____

315. 特留利奇—赫伊坚赖赫，1935

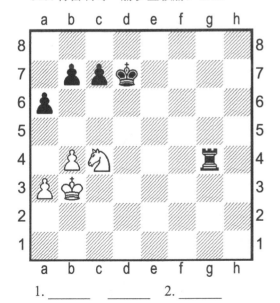

1. _____ 2. _____

316. 巴尔涅特特—埃斯武乌特，1949

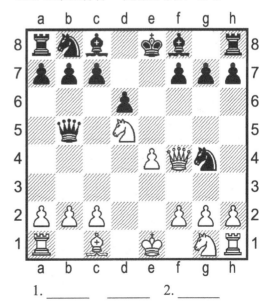

1. _____ 2. _____

被攻击格在对角线两侧

317. 柳耶尔—拉特特曼，1928

318. 教学示例

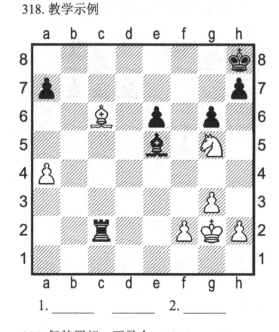

1. _____   2. _____

319. 列文菲什—缅奇克，1935

320. 佩特罗相—西马金，1956

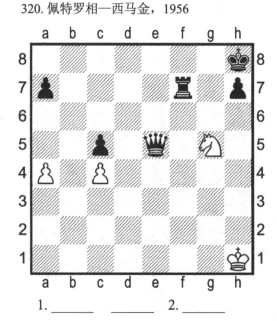

1. _____   2. _____

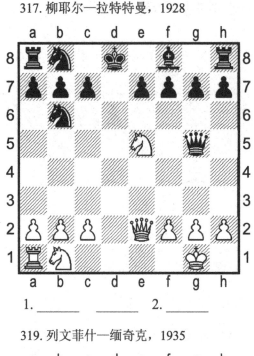

1. _____   2. _____

被攻击格在对角线两侧

321. 纳兰亚—波尔季什，1970

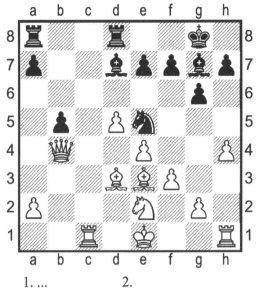

1. ... _____ 2. _____

322. "弃子求势"

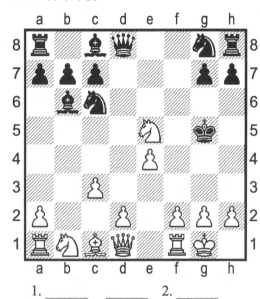

1. _____ 2. _____

323. 韦利米罗维奇—舒瓦利奇

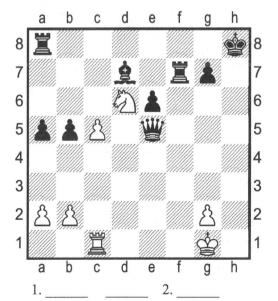

1. _____ 2. _____

324. 塔利—卢季科夫，1964

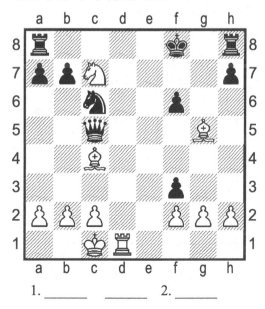

1. _____ 2. _____

第十四课 直线两步杀

当横向和纵向都已沦陷，我们来看马的两步杀。

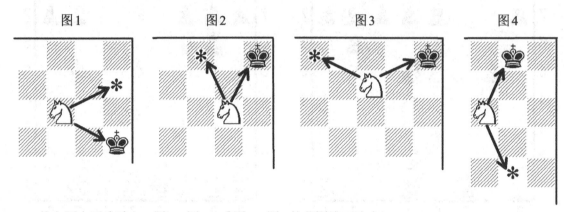

图1　　　　图2　　　　图3　　　　图4

从上图中不难看出，图1、图2，或图3、图4的范围皆可攻击。

别克克尔—尤伊克，1948　　　　塔尔拉什—布莱格别尔恩，1890

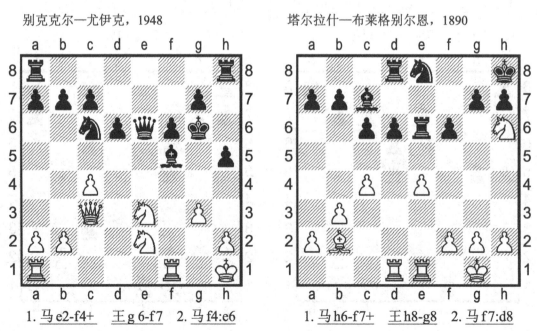

1. 马e2-f4+　王g6-f7　2. 马f4:e6

1. 马h6-f7+　王h8-g8　2. 马f7:d8

被攻击格在垂直线（或水平线）上

325. 戈布列亚—基里尔洛夫，1984

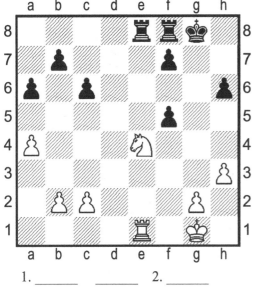

1. _____ 2. _____

326. 马图洛维奇—列伊格韦尔，1972

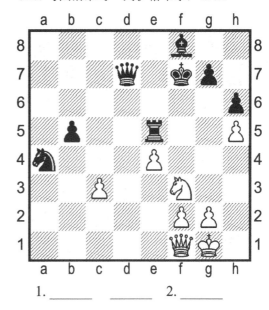

1. _____ 2. _____

327. 舒利曼—捷列伊季耶夫，1981

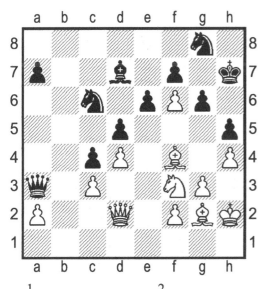

1. _____ 2. _____

328. 鲁边奇克—苏斯洛夫，1977

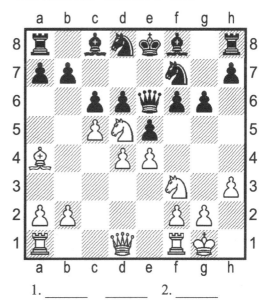

1. _____ 2. _____

被攻击格在垂直线（或水平线）上

329. 福尔克曼—谢伊博尔，1934

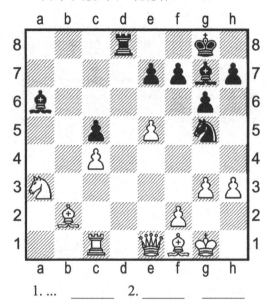

1. ... _____ 2. _____

330. 阿布卡德罗夫—孔德林，1982

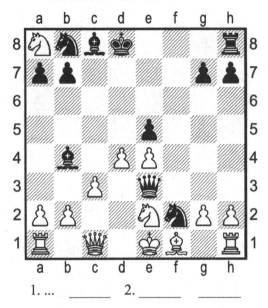

1. ... _____ 2. _____

331. 安绍—捷尔罗，1983

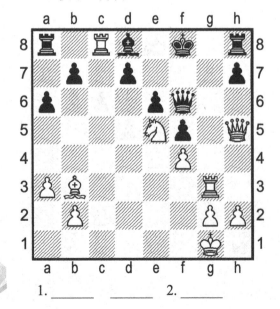

1. _____ 2. _____

332. "法兰西防御"

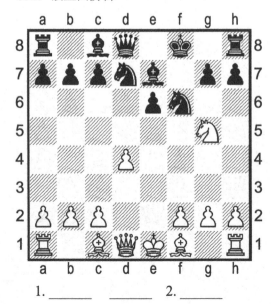

1. _____ 2. _____

被攻击格（三格）在垂直线（或水平线）上

333. 沙利科夫—沃季普，1983

334. 萨博—波尔加尔，1969

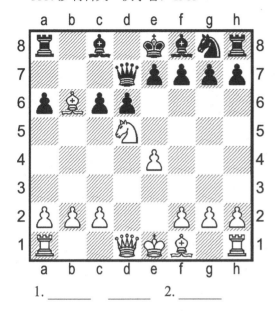
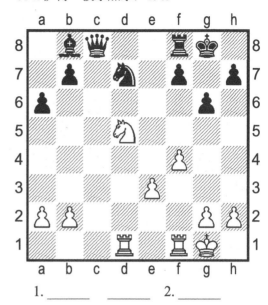

1. _____ _____ 2. _____

1. _____ _____ 2. _____

335. 多罗什克维奇—塔利，1975

336. 富恩捷斯—格林捷尔克，1975

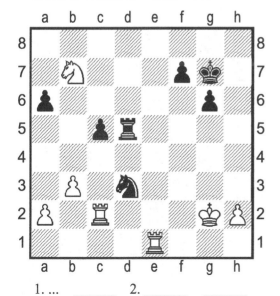
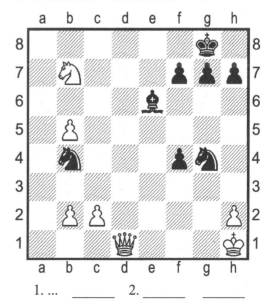

1. ... _____ 2. _____ _____

1. ... _____ 2. _____ _____

被攻击格（三格）在垂直线（或水平线）上

337. 芬诺季—列伊恩加尔特，1937

338. 库济明—格里戈良，1972

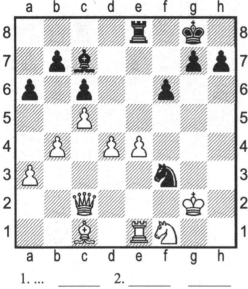

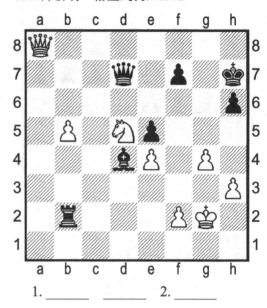

1. ... _____ 2. _____

1. _____ 2. _____

339. 潘奇克—舒拉杰，1978

340. 菲奥多罗夫—阿谢耶夫，1982

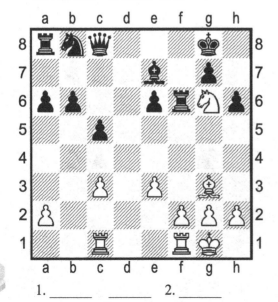

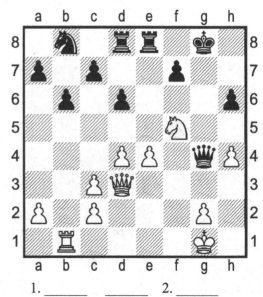

1. _____ 2. _____

1. _____ 2. _____

被攻击格（三格）在垂直线（或水平线）上

341. 别利亚夫斯基—科佩克，1977

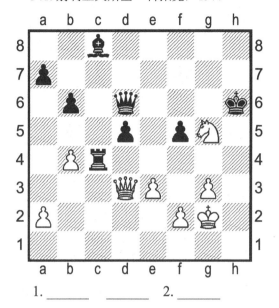

1. _____   2. _____

342. 马尔库斯斯—克列先科

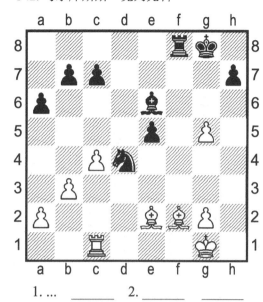

1. ...   2. _____

343. 塔利—帕尔马，1961

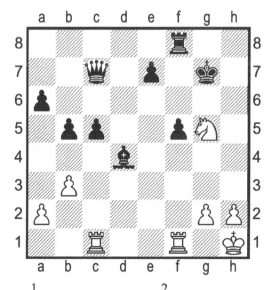

1. _____   2. _____

344. 阿拉托尔采夫—坎，1949

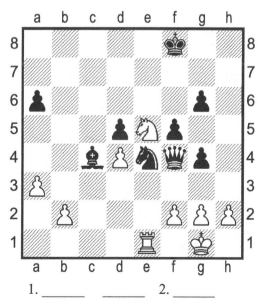

1. _____   2. _____

被攻击格（三格）在垂直线（或水平线）上

345. 科尔索—卡帕布兰卡，1900

346. 保利—安杰尔斯松，1973

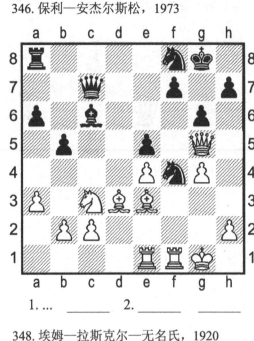

1. ... _____ 2. _____

347. 列翁加尔特—塔尔拉什，1910

348. 埃姆—拉斯克尔—无名氏，1920

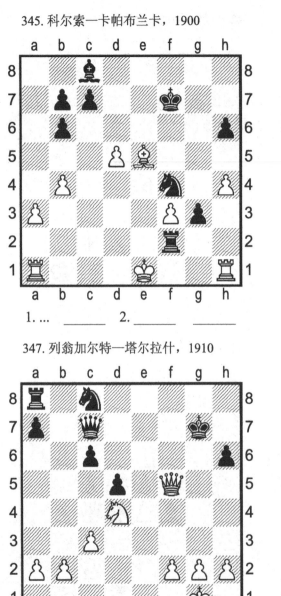

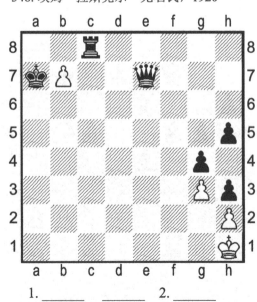

1. _____ 2. _____

第十五课 双对角线上的两步杀

下面我们来看当被攻击格位于不同对角线上如何用马两步杀。

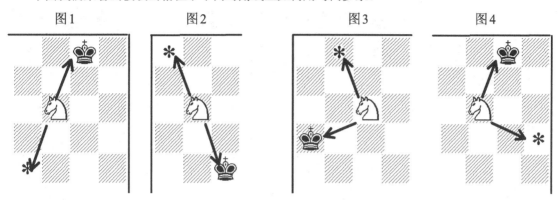

从上图中可以看出，马在对角线上，被攻击格可能在马的两侧（如图1，图2）或同侧（如图3，图4）。

韦伊茨—片罗乌阿，1960　　　　　　　温齐克尔—佩什，1964

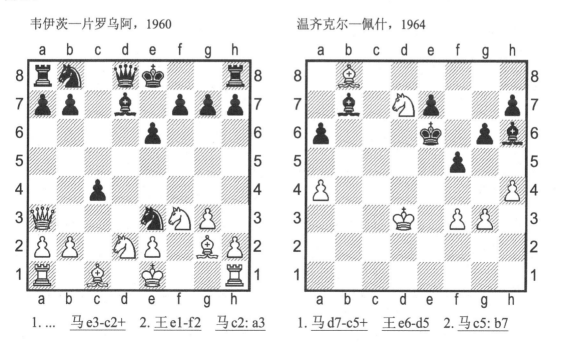

1. ...　马e3-c2+　2. 王e1-f2　马c2:a3　　　1. 马d7-c5+　王e6-d5　2. 马c5:b7

马在白方两条对角线上

349. 克拉尔克—约赞斯松，1954

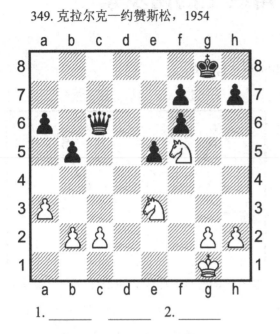

1. _____ 2. _____

350. 温齐克尔—丹克尔特，1979

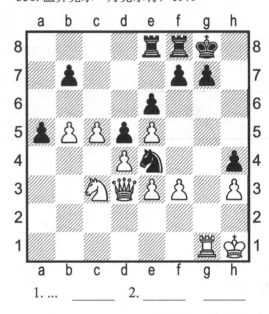

1. ... _____ 2. _____

351. 斯捷潘诺夫—罗曼诺夫斯基

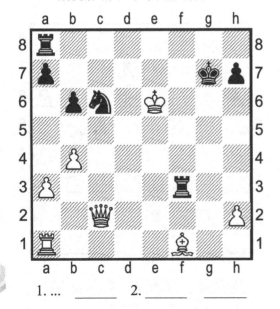

1. ... _____ 2. _____

352. 赫曼恩—布林克·克劳斯先

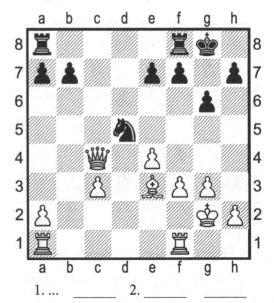

1. ... _____ 2. _____

马在黑方两条对角线上

353. 斯特劳京什—古伊杰尔曼

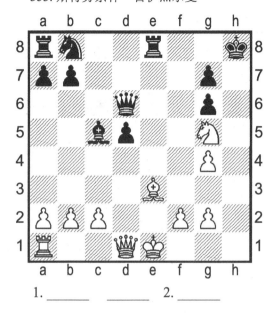

1. _____   2. _____

354. 普舍皮尤尔卡—阿胡耶斯，1927

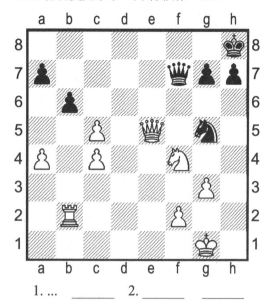

1. ...   2. _____

355. 富尔曼—巴特金，1950

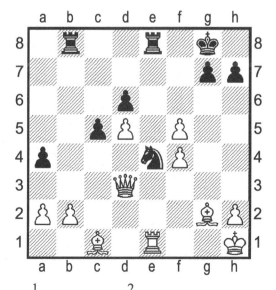

1. ...   2. _____   _____

356. 教学示例

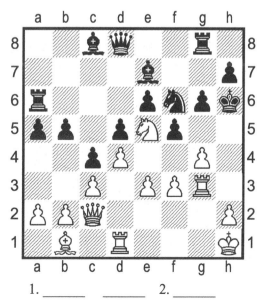

1. _____   2. _____

白方对角线

357. 苏埃京—索利采夫，1982

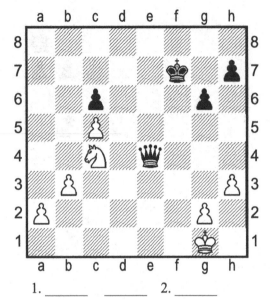

1. _____ 2. _____

358. 奈纳韦尔—基申纽克，1984

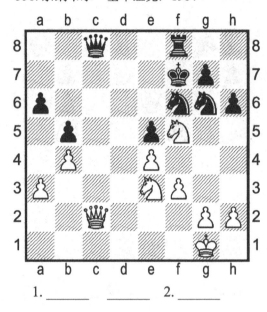

1. _____ 2. _____

359. 福林托什—克斯列尔，1965

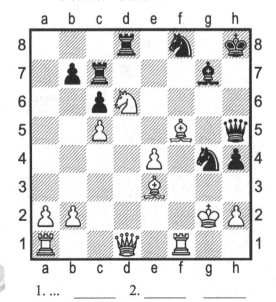

1. ... _____ 2. _____

360. 安杰尔先—别尔特，1878

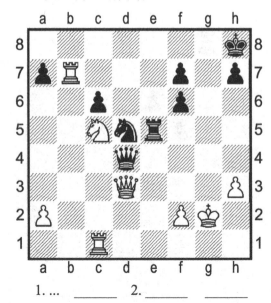

1. ... _____ 2. _____ _____

白方对角线

361. 克罗吉乌斯—谢尔吉耶夫斯基，1959

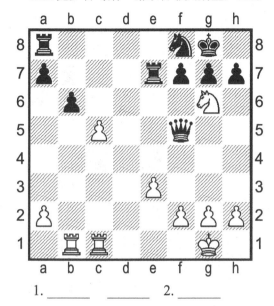

1. _____ _____ 2. _____

362. 埃姆·拉斯克耶尔—埃特·拉斯克尔

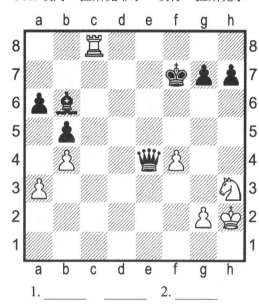

1. _____ _____ 2. _____

363. 教学示例

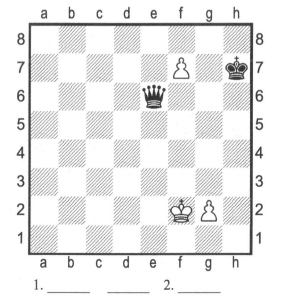

1. _____ _____ 2. _____

364. 西西里防御

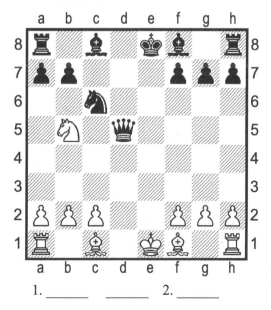

1. _____ _____ 2. _____

黑方对角线

365. 卢科温科夫—马列温斯基

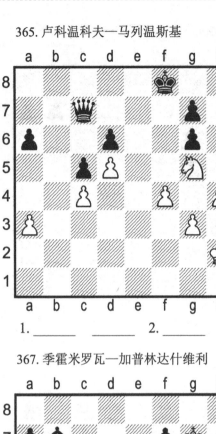

1. _____   2. _____

366. 普鲁西斯—茹拉夫廖夫，1957

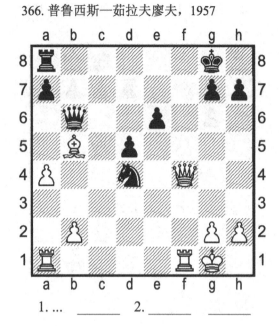

1. ... _____   2. _____

367. 季霍米罗瓦—加普林达什维利

1. ... _____   2. _____

368. 佩特罗相—斯帕斯基，1966

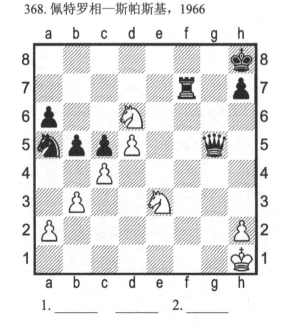

1. _____   2. _____

黑方对角线

369. 哈特姆尼—波尔季什, 1975

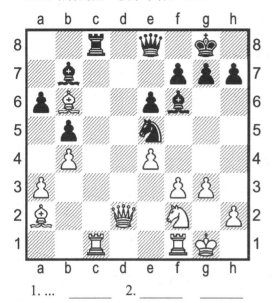

1. ... _____ 2. _____ _____

370. 列季—塔尔塔科韦尔, 1924

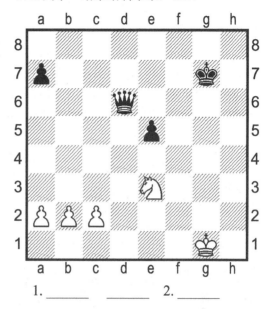

1. _____ 2. _____

371. 古因纳里—拉斯特列尔利, 1925

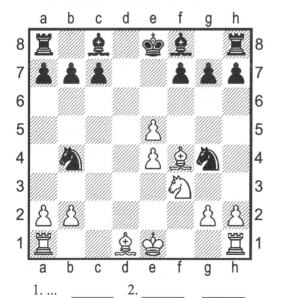

1. ... _____ 2. _____ _____

372. 斯卡尔科塔斯—延先, 1967

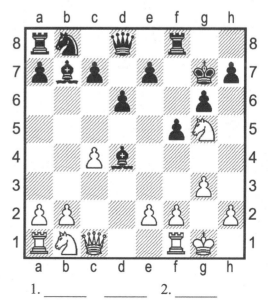

1. _____ 2. _____

第十六课　通路兵的虚拟保护

在王的范围内（直线棋子发动进攻，而王正处于该条线上）我们可以使用虚假保护。我们设马在此，即可发动两步杀（请看左例）。

如果直线棋子与马重叠，就可打开这条线，马即可冲出重围，形成联合之势。兵只是做出守卫王的样子，此时马即可发动两步杀（请看右例）。

请看下例

博特温尼克—科托夫，1946　　　　　卡拉菲阿特—涅伊什塔德特，1967

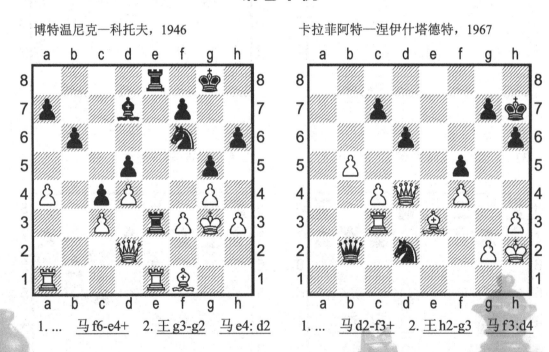

1. ...　马f6-e4+　2. 王g3-g2　马e4:d2　　　1. ...　马d2-f3+　2. 王h2-g3　马f3:d4

利用垂直线上联合进攻

373. 布拉特尼克—霍尔恩，1986

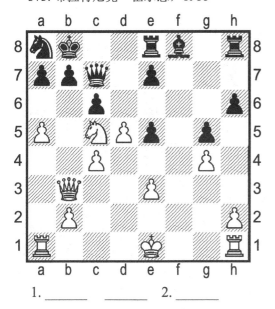

1. _____ 2. _____

374. 皮尤扎拉—托特，1984

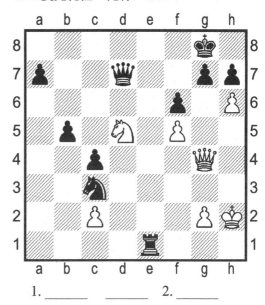

1. _____ 2. _____

375. 克洛万—布达林，1963

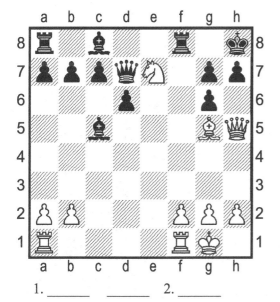

1. _____ 2. _____

376. 普洛沃金—拉江涅茨，1974

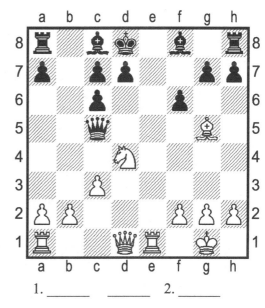

1. _____ 2. _____

利用对角线上联合进攻

377. 格罗斯谢尔—哈尔利包耶尔，1947

1. _____ 2. _____

378. 卡帕布兰卡—米泽斯，1931

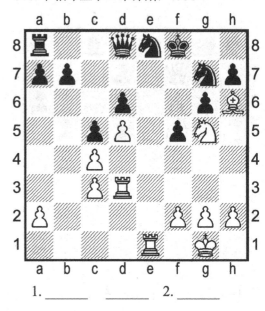

1. _____ 2. _____

379. 杰缅季耶夫—金吉哈什维利

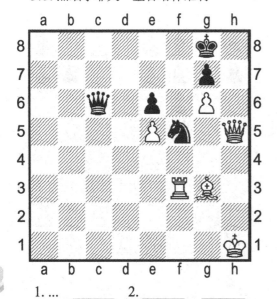

1. ... _____ 2. _____ _____

380. 温克利—古谢夫，1964

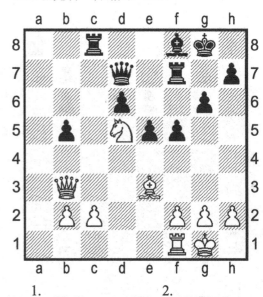

1. _____ 2. _____

自己试试吧！

381. 索松科—迈尔斯，1981

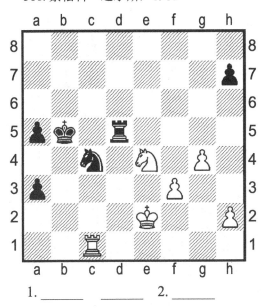

1. _____ 2. _____

382. 列舍夫斯基—韦伊恩什捷伊恩，1963

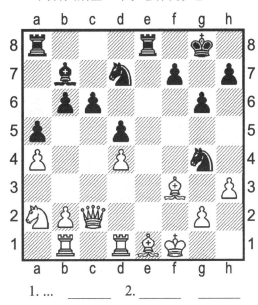

1. ... _____ 2. _____

383. 多尔马托夫—普萨希斯，1978

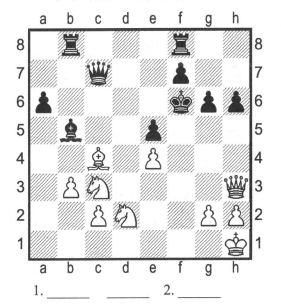

1. _____ 2. _____

384. 杜基奇—吉普斯利斯，1975

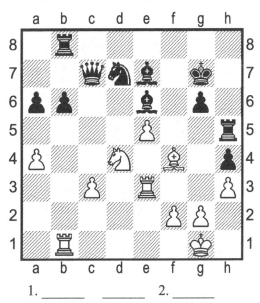

1. _____ 2. _____

自己试试吧!

385. 久克什捷伊恩—拉尔先，1959

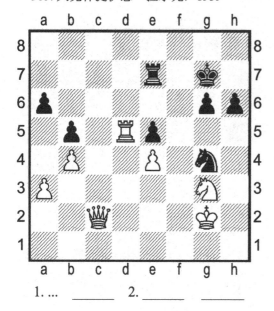

1. ... _____ 2. _____

386. 瓦里安·岑特拉利诺沃·杰比尤塔

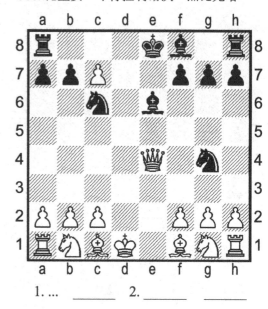

1. ... _____ 2. _____

387. 莫莫—马克·焦万，1956

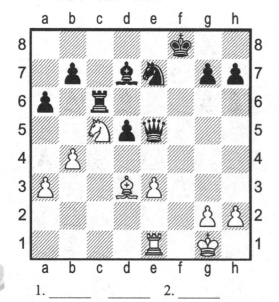

1. _____ 2. _____

388. 博罗斯—利利延塔利，1933

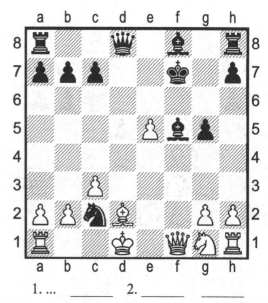

1. ... _____ 2. _____

自己试试吧！

389. 帕拉特尼克—库普列伊奇克，1974

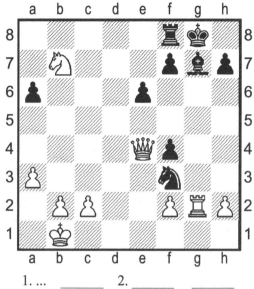

1. ... _____ 2. _____

390. 莱格—哈尔沃尔先，1976

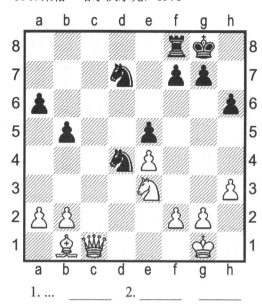

1. ... _____ 2. _____

391. 赫布坚—季莫先科，1992

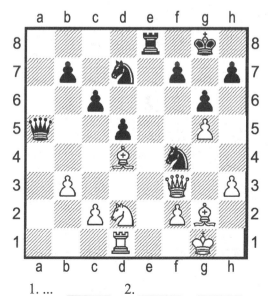

1. ... _____ 2. _____

392. 达斯卡洛夫—涅伊基尔赫，1964

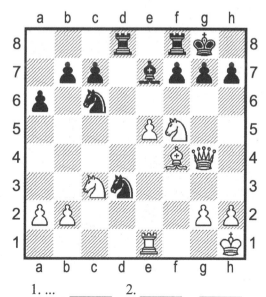

1. ... _____ 2. _____

自己试试吧!

393. 布扬宁—别洛库罗夫,1965

394. 斯捷伊尼茨—费利特,1863

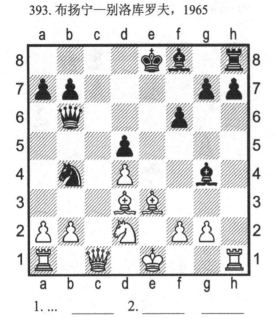
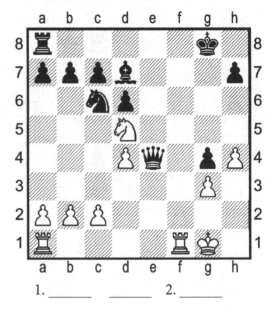

1. ... _____ 2. _____

1. _____ 2. _____

395. 金涅尔—德列伊耶尔,1934

396. 鲁边奇克—苏斯洛夫,1977

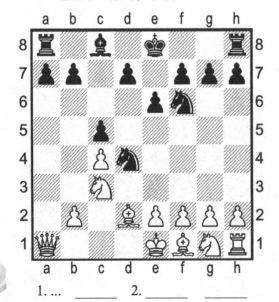
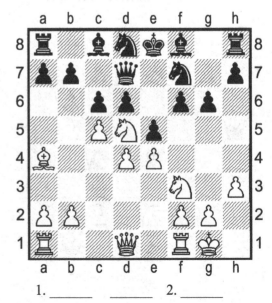

1. ... _____ 2. _____

1. _____ 2. _____

自己试试吧！

397. 戈塔尔季—瓦利捷尔，1978

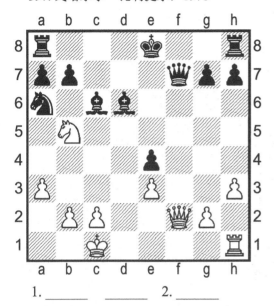

1. _____ 2. _____

398. 布列格别里—洛伊，1913

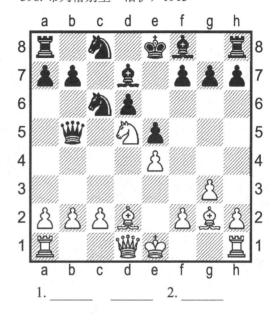

1. _____ 2. _____

399. 佩尔谢伊特—乌艾特，1953

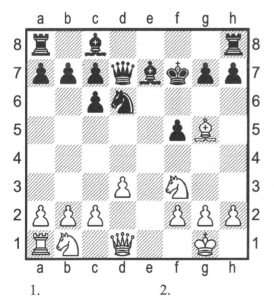

1. _____ 2. _____

400. 阿韦尔巴赫—片罗乌斯，1967

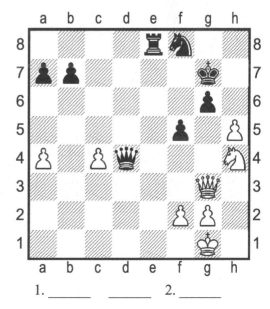

1. _____ 2. _____

第五部分

打双叫将

全能的后

本篇中我们将探讨后同时攻击王和另一棋子的情况。这一走法被称为"打双叫将"。这一走法通常都会牺牲掉进攻的棋子,这都是为了保护王。

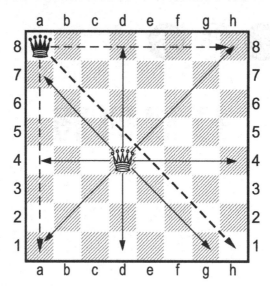

棋盘角落里的后可以进攻3个方向,而棋盘中心的后则可进攻8个方向(车的4个方向和象的4个方向)。

由此可见,后是最适合"打双"的棋子了。

在给定习题中,同学们会认识到10种不同的用后"打双叫将"。在此之后,就可以像之前一样"自己试试吧!"。

第十七课　沿水平线和对角线用后"打双叫将"

后可以沿水平线和对角线"打双叫将"。通常阵型如下：

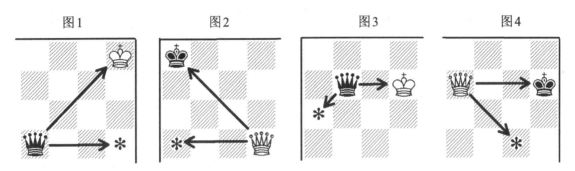

请看下例

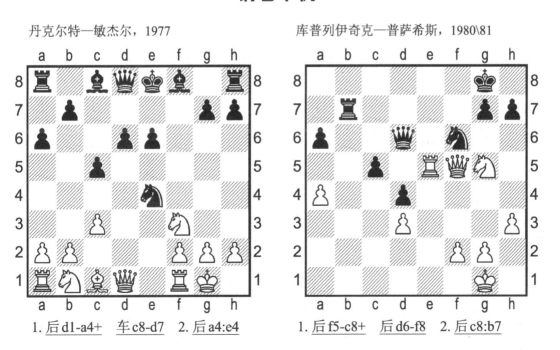

丹克尔特—敏杰尔，1977

1. 后d1-a4+　车c8-d7　2. 后a4:e4

库普列伊奇克—普萨希斯，1980\81

1. 后f5-c8+　后d6-f8　2. 后c8:b7

对角线叫将，水平线攻击

401. 放弃王侧卒

402. 列亚斯梅伊耶列—扬诺维奇，1957

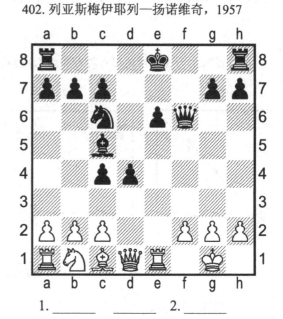

1. _____ 2. _____

403. 焦尔杰维奇—科瓦切维奇

404. 埃卡尔特—塔尔拉什，1889\90

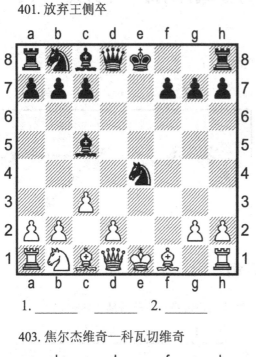

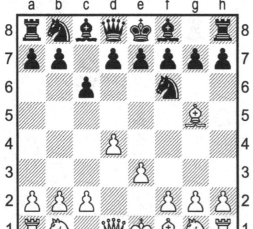

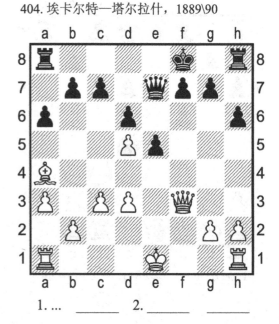

1. ... _____ 2. _____

1. ... _____ 2. _____

对角线叫将，水平线攻击

405. 宰奇克—西哈鲁利泽，1976

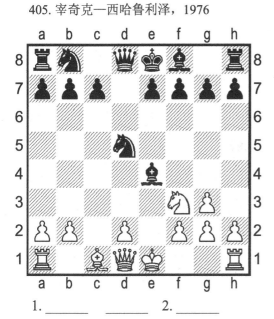

1. _____ _____ 2. _____

406. 基里尔洛夫—卡姆片努斯，1961

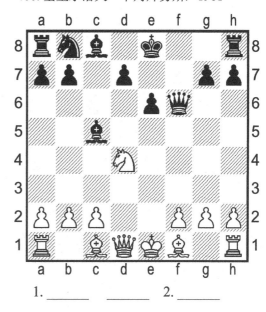

1. _____ _____ 2. _____

407. 科姆别—哈津富斯，1933

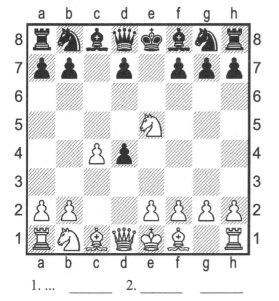

1. ... _____ 2. _____ _____

408. 米耶济斯—齐尔岑尼斯，1966

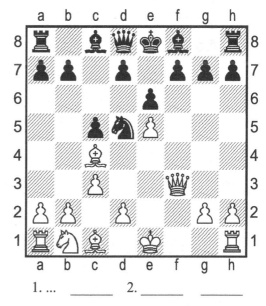

1. ... _____ 2. _____ _____

对角线叫将，水平线攻击

409. 埃文斯式弃子求势

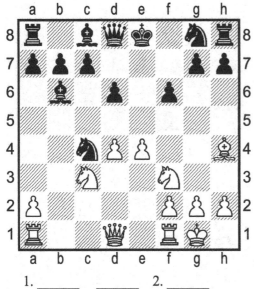

1. _____ 2. _____

410. 列文维什式

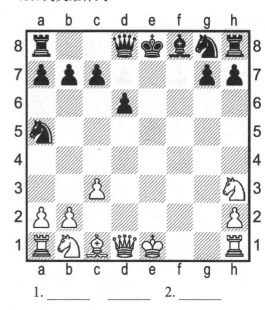

1. _____ 2. _____

411. 教学示例

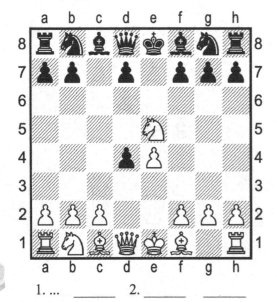

1. ... _____ 2. _____

412. 普拉托沃夫—罗曼诺夫斯基

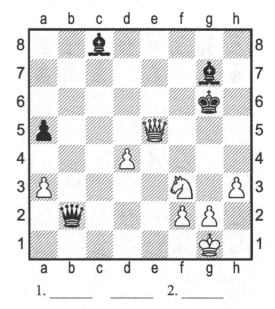

1. _____ 2. _____

对角线叫将，水平线攻击

413. 阿尔姆斯特龙克—武特，1960

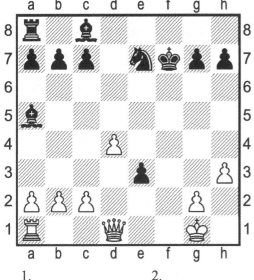

1. _____ _____ 2. _____

414. 奇戈林—什列赫捷尔，1899

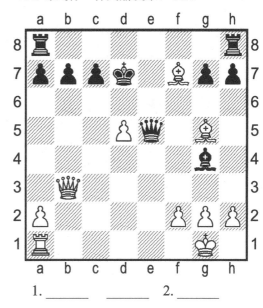

1. _____ _____ 2. _____

415. 菲利波瓦—拉皮茨卡亚，1979

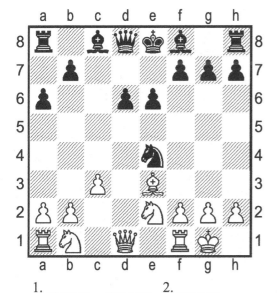

1. _____ _____ 2. _____

416. 西班牙开局

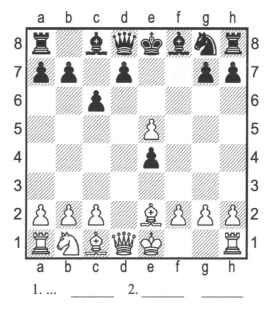

1. ... _____ 2. _____ _____

对角线叫将，水平线攻击

417. 阿列欣—孔苏利坦特

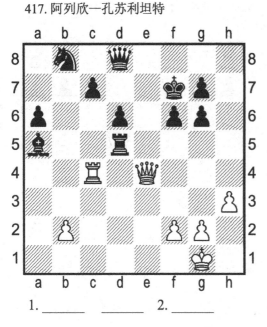

1. _____ 2. _____

418. 放弃王侧卒

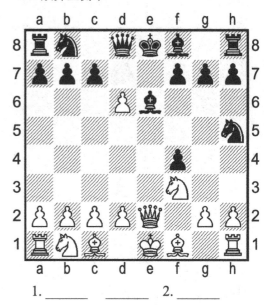

1. _____ 2. _____

419. 菲利波维奇—维约捷尔基，1976

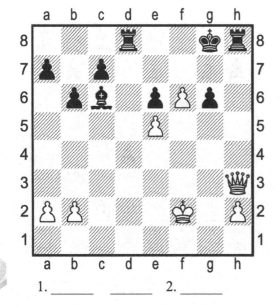

1. _____ 2. _____

420. 阿克梅京什—埃克隆斯，1959

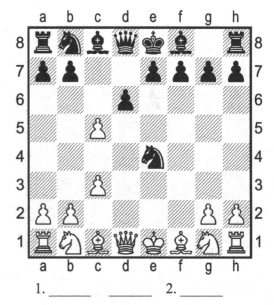

1. _____ 2. _____

对角线叫将，水平线攻击

421. 罗曼诺夫斯基—尤多维奇，1934

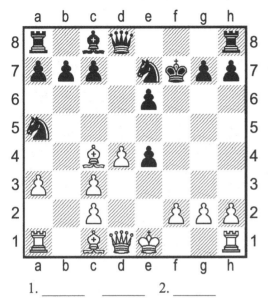

1. _____ _____ 2. _____

422. 布列格别尔恩—捷伊赫曼

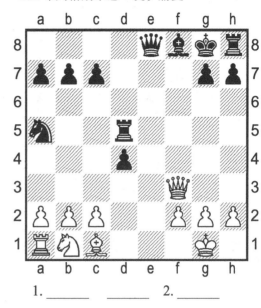

1. _____ _____ 2. _____

423. 梅辛克—安德里奇，1968

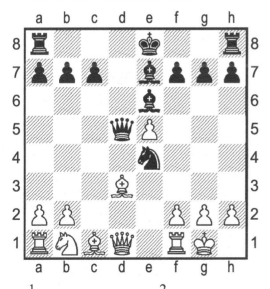

1. _____ _____ 2. _____

424. 哈利克斯—兰茨，1932

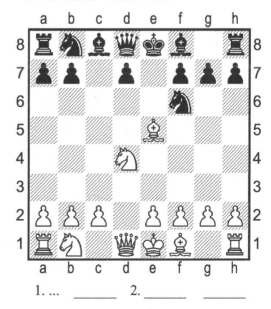

1. ... _____ 2. _____ _____

对角线叫将，水平线攻击

425. 利佩伊科—什马罗沃斯，1984

426. 马卡雷切夫—罗曼尼申

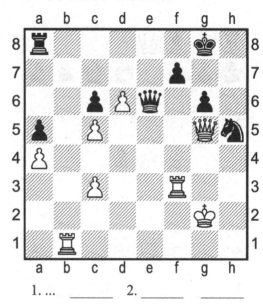

1. _____ 2. _____

1. ... _____ 2. _____

427. 拉杜列斯库—卡普钦斯基

428. 富尔列尔—弗里斯尼利先，1980

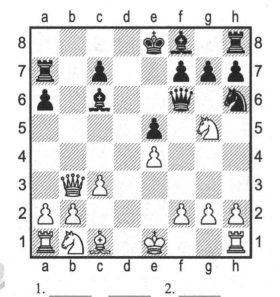

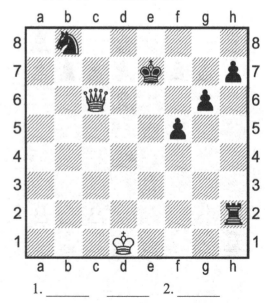

1. _____ 2. _____

1. _____ 2. _____

对角线叫将，水平线攻击

429. 福伊格利—捷连季耶夫，1977

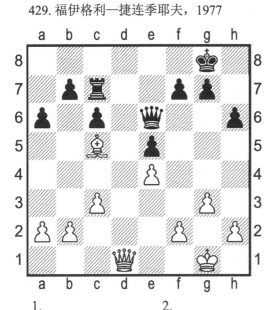

1. _____ 2. _____

430. 克劳斯—科斯京，1961

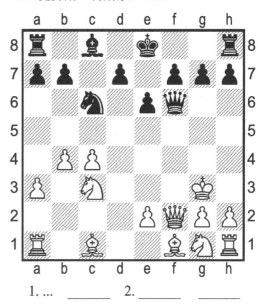

1. ... _____ 2. _____

431. 埃斯特林—斯梅斯洛夫，1946

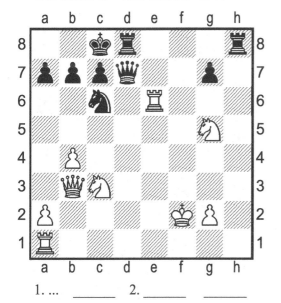

1. ... _____ 2. _____

432. 什塔利别尔克—奈多尔夫

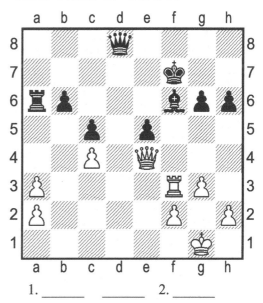

1. _____ 2. _____

对角线叫将，水平线攻击

433. 科兹洛夫斯卡亚—阿列克桑德林

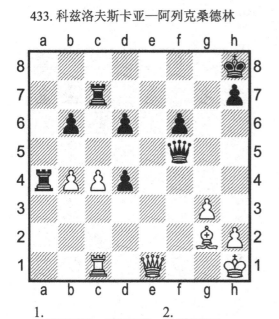

1. _____   2. _____

434. 索菲耶瓦—萨哈托瓦，1985

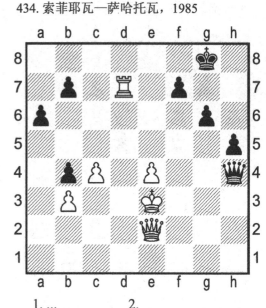

1. ...   2. _____

435. 教学示例

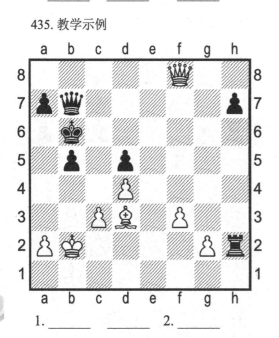

1. _____   2. _____

436. 埃连斯卡—拉泽夫斯卡·阿尔本尼奇

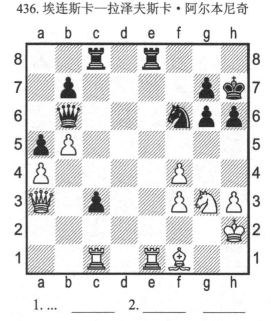

1. ...   2. _____   _____

第十八课 沿垂直线和对角线用后"打双叫将"

后在垂直线上可以像车一样进攻,在对角线上则可像象一样,反之亦然。

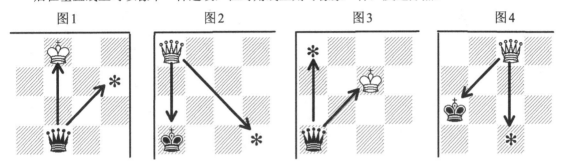

图1　　图2　　图3　　图4

请看下例

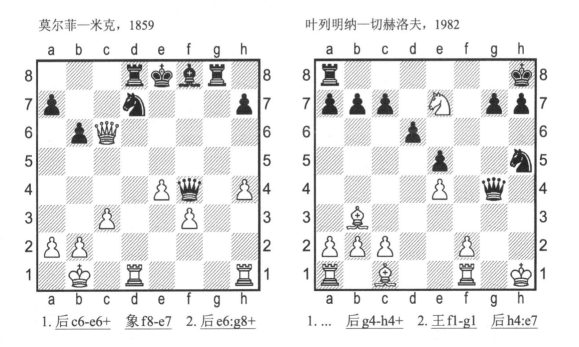

莫尔菲—米克,1859

1. 后c6-e6+　象f8-e7　2. 后e6:g8+

叶列明纳—切赫洛夫,1982

1. ...　后g4-h4+　2. 王f1-g1　后h4:e7

垂直线叫将，对角线攻击

437. 教学示例

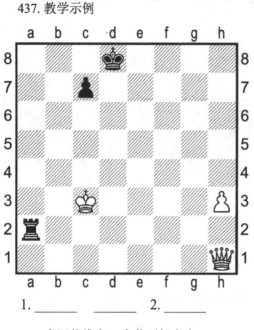

1. _____ 2. _____

438. 法伊比索维奇—埃特鲁克，1975

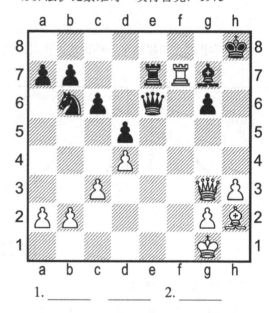

1. _____ 2. _____

439. 克涅热维奇—库普列伊奇克，1975

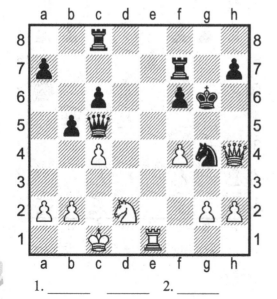

1. _____ 2. _____

440. 什皮利曼—列翁加尔特，1912

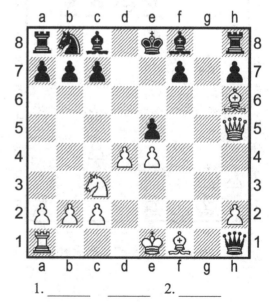

1. _____ 2. _____

垂直线叫将，对角线攻击

441. 教学示例

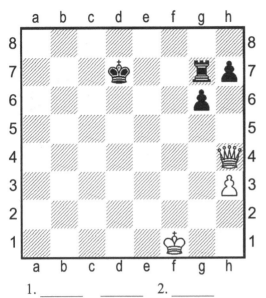

1. _____ 2. _____

442. 朱马杰拉耶夫—宰达罗夫

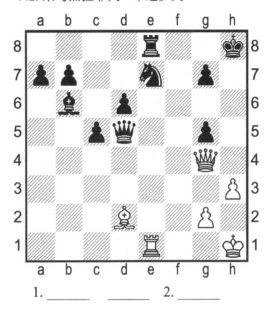

1. _____ 2. _____

443. 塔曼诺夫—谢列布里斯基

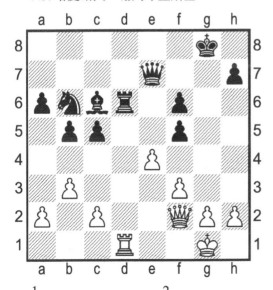

1. _____ 2. _____

444. 阿达姆斯基—阿姆布罗日，1981

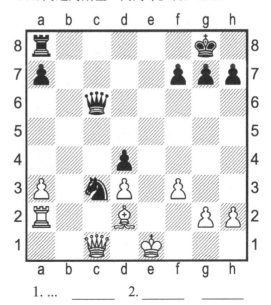

1. ... _____ 2. _____

垂直线叫将，对角线攻击

445. 扬诺夫斯基—马尔沙尔，1912

446. 布留恩特鲁普—布德里赫，1954

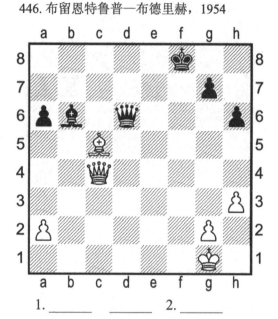

1. _____ 2. _____

447. 阿基缅科—舍什基斯，1966

448. 巴拉绍夫—布龙什捷伊恩，1975

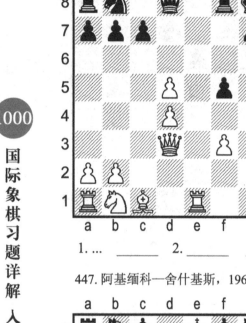

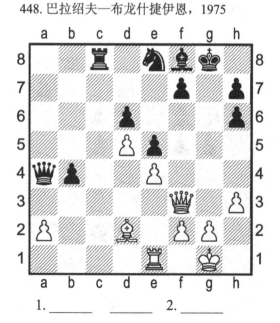

1. ... _____ 2. _____ _____

1. _____ 2. _____

垂直线叫将，对角线攻击

449. 温诺库罗夫—马楚克维奇，1974

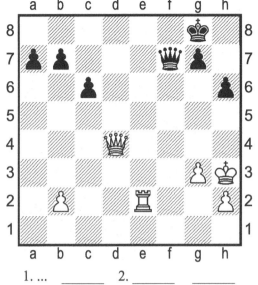

1. ... _____ 2. _____ _____

450. 教学示例

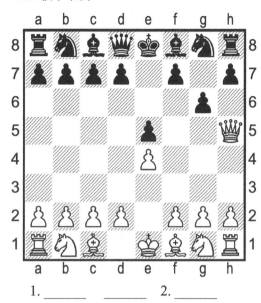

1. _____ 2. _____

451. 马坦诺维奇—阿尔斯捷尔，1956

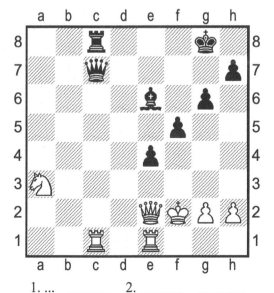

1. ... _____ 2. _____ _____

452. 罗日拉帕—卡拉申科夫，1960

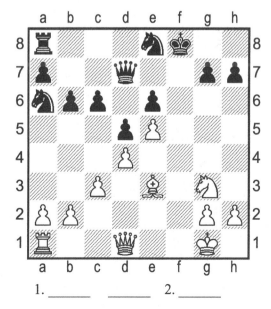

1. _____ 2. _____

垂直线叫将，对角线攻击

453. 教学示例

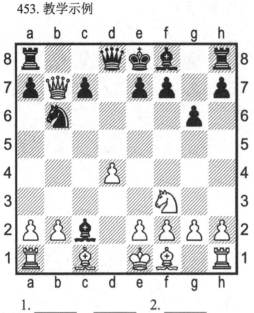

1. _____ 2. _____

454. 桑金涅季—卡斯克尔拉，1968

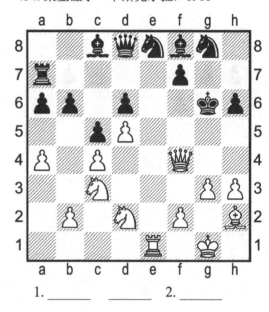

1. _____ 2. _____

455. 西班牙开局

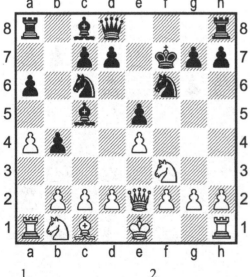

1. _____ _____ 2. _____

456. 博戈柳博夫—卡帕布兰卡

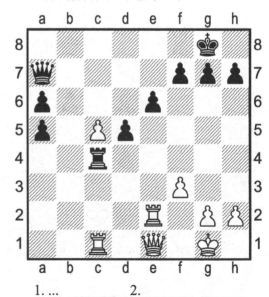

1. ... _____ 2. _____ _____

第十九课　用后作象"打双叫将"

如果后不能沿水平线（或垂直线）进攻，可以把后当作象——沿对角线（或白或黑）出击，或者同时沿两条对角线出击。请看打双示意图：

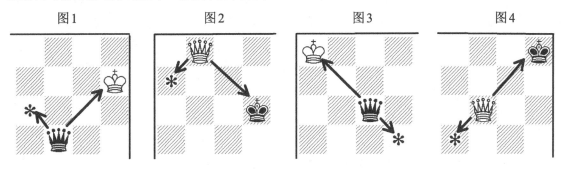

请看下例

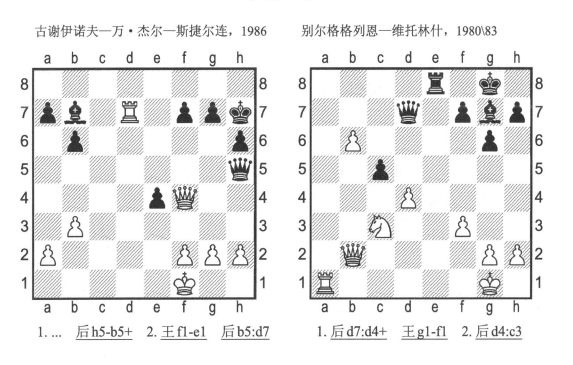

古谢伊诺夫—万·杰尔—斯捷尔连，1986

1. ...　　后h5-b5+　　2. 王f1-e1　　后b5:d7

别尔格格列恩—维托林什，1980\83

1. 后d7:d4+　　王g1-f1　　2. 后d4:c3

沿白对角线进攻

457. 埃韦—乌艾茨，1928

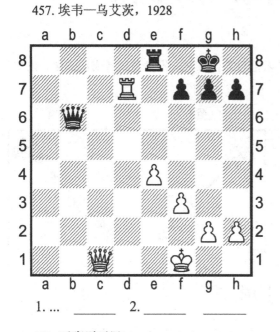

1. ... _____ 2. _____

458. 教学示例

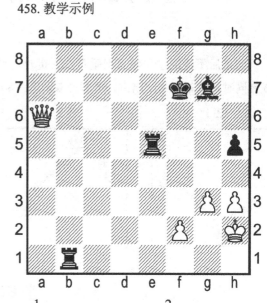

1. _____ 2. _____

459. 西班牙开局

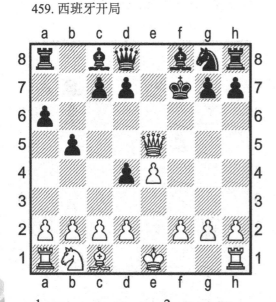

1. _____ _____ 2. _____

460. 杰伊克斯—莱恩德布洛姆，1973\74

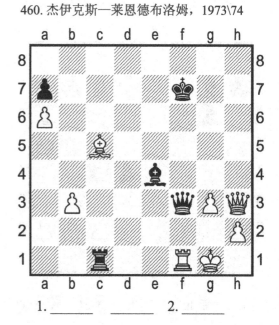

1. _____ _____ 2. _____

沿白对角线进攻

461. 列尔涅尔—列赫曼恩，1978

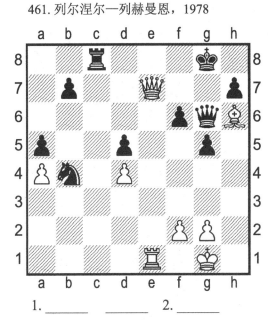

1. _____ _____ 2. _____

462. 巴谢列尔—缪尔列尔，1962

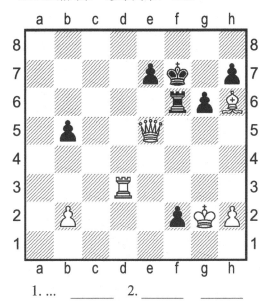

1. ... _____ 2. _____

463. 马卡雷切夫—罗曼尼申

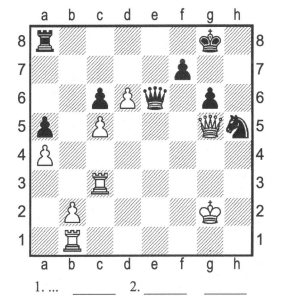

1. ... _____ 2. _____ _____

464. 伊万诺维奇—里克曼，1977

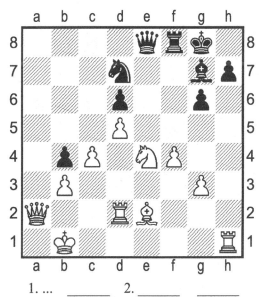

1. ... _____ 2. _____ _____

沿黑对角线进攻

465. 霍尔莫夫—格利戈里奇，1974

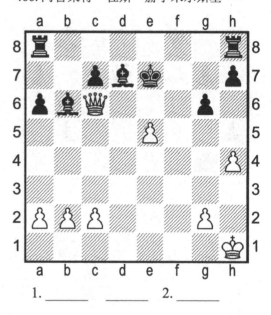

1. ... _____ 2. _____

466. 阿鲁莱特—杜斯·赫季米尔斯基

1. _____ 2. _____

467. 马科贡诺夫—切佐韦尔，1937

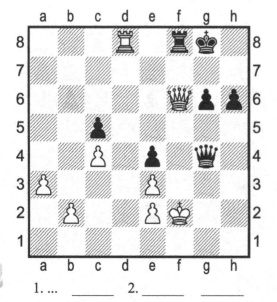

1. ... _____ 2. _____

468. 西马金—利尔年塔利，1947

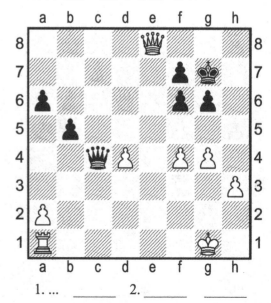

1. ... _____ 2. _____ _____

沿黑对角线进攻

469. 波洛沃金—济利别尔曼

1. _____ _____ 2. _____

470. 特列普尔—连古埃尔，1964

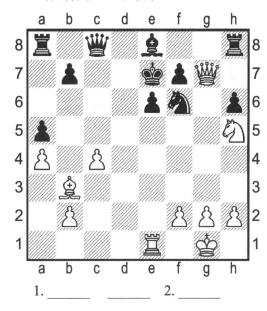

1. _____ _____ 2. _____

471. 卡尔波夫—拉尔先，1980

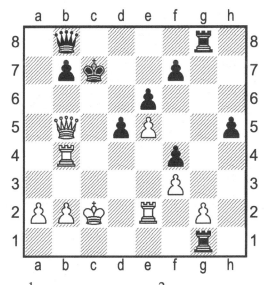

1. _____ _____ 2. _____

472. 库达里—拉尔先，1970

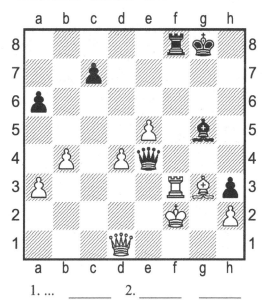

1. ... _____ 2. _____ _____

沿某一对角线进攻

473. 科克孔年—维托林什，1983

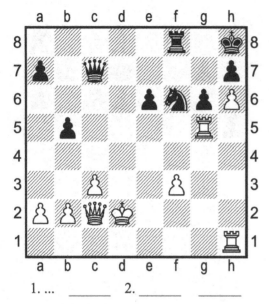

1. ... _____ 2. _____ _____

474. 东涅尔—博乌夫梅伊斯捷尔，1980

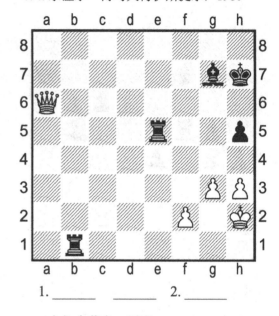

1. _____ 2. _____

475. 科伊夫曼—卡林尼切夫，1984

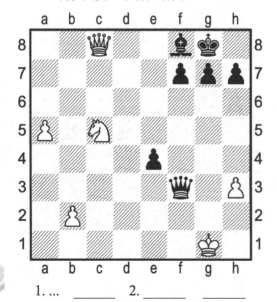

1. ... _____ 2. _____ _____

476. 卡拉克莱奇—列耶，1968

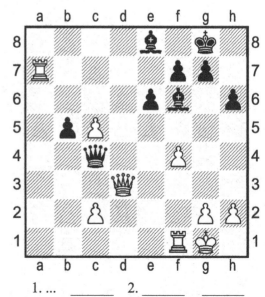

1. ... _____ 2. _____ _____

第二十课 用后作车"打双叫将"

如果后不能沿对角线攻击,则可用后作车沿水平线或垂直线攻击(如图1,图2),或沿两条线攻击(如图3,图4)。

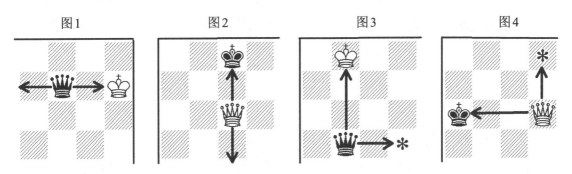

请看下例

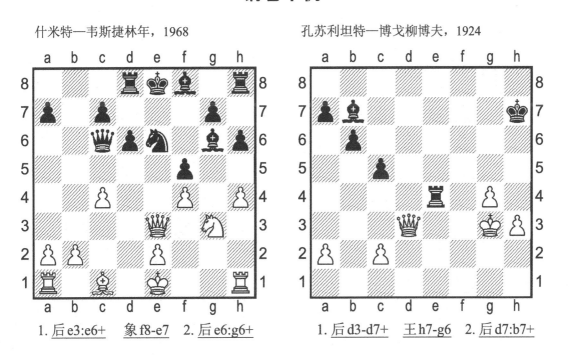

什米特—韦斯捷林年,1968

1. 后e3:e6+   象f8-e7   2. 后e6:g6+

孔苏利坦特—博戈柳博夫,1924

1. 后d3-d7+   王h7-g6   2. 后d7:b7+

用后作车 "打双叫将"

477. 阿列欣—埃韦，1935

478. 索科利斯基—博特温尼克

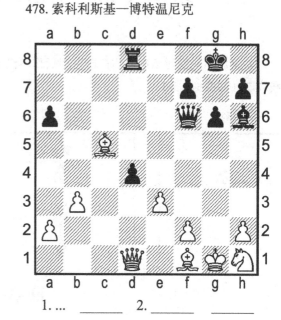

1. ... _____ 2. _____

479. 科佩洛夫—纽别尔克，1984\85

480. 沙尔克—什皮茨巴尔特，1977

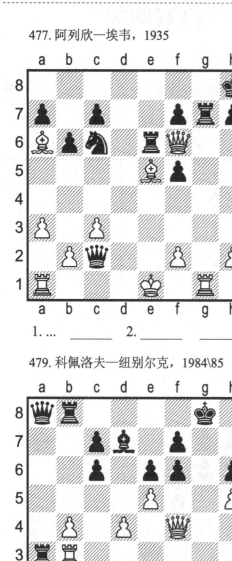

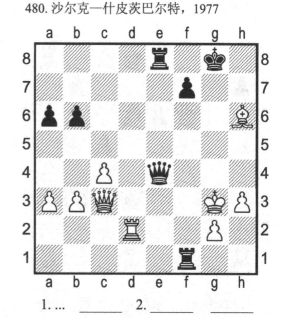

1. ... _____ 2. _____

自己试试吧！

481. 阿龙宁—马茨克维奇，1961

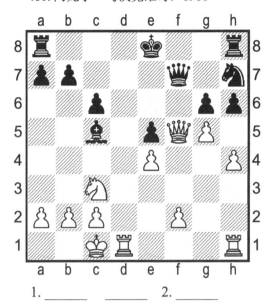

1. _____ _____ 2. _____

482. 边科—罗别伊，1863

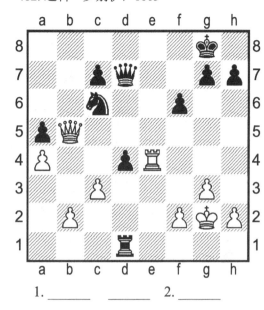

1. _____ _____ 2. _____

483. 教学示例

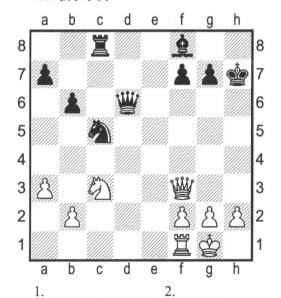

1. _____ _____ 2. _____

484. 诺维科夫—坎扎韦利，1981

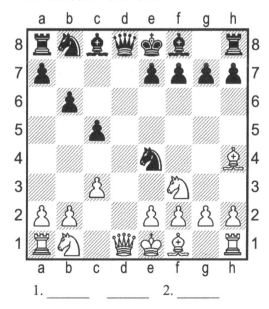

1. _____ _____ 2. _____

自己试试吧！

485. 亨德里克斯年—捷埃米亚埃

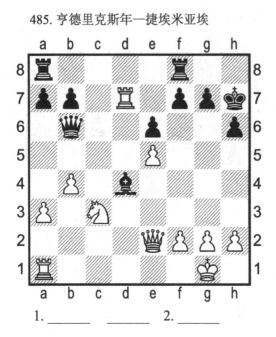

1. _____ 2. _____

486. 斯列普措夫—什昆多夫

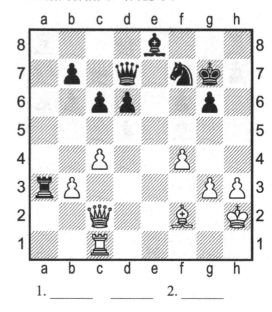

1. _____ 2. _____

487. 列德基—朱班，1980

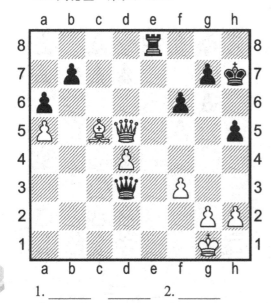

1. _____ 2. _____

488. 教学示例

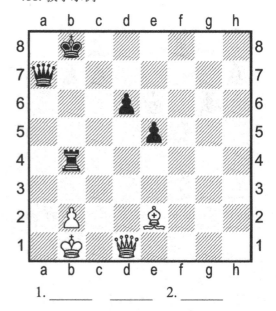

1. _____ 2. _____

自己试试吧!

489. 科列洛夫—贝夫舍夫,1957

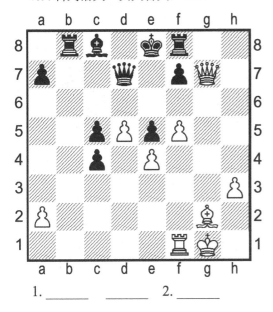

1. _____ _____ 2. _____

490. 列曼恩—舒利茨,1950

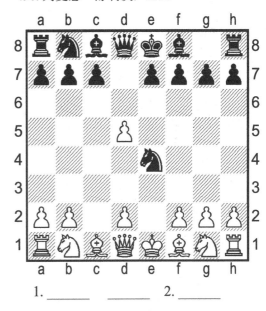

1. _____ _____ 2. _____

491. 塔利—瓦甘尼扬,1973

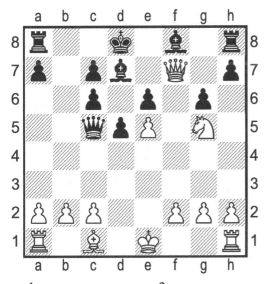

1. _____ _____ 2. _____

492. 韦伊特—金采利,1982

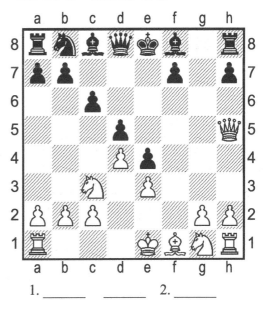

1. _____ _____ 2. _____

自己试试吧！

493. 博特温尼克—索罗金，1933

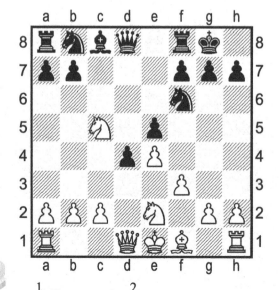

1. _____   2. _____

494. 克里绍万—沙捷列伊恩，1955

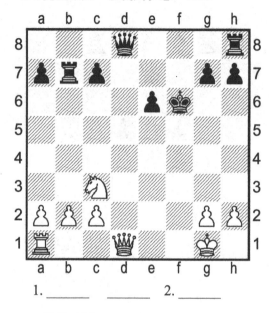

1. _____   2. _____

495. 毛拉—奇布尔丹尼泽，1978

1. ... _____   2. _____ _____

496. 教学示例

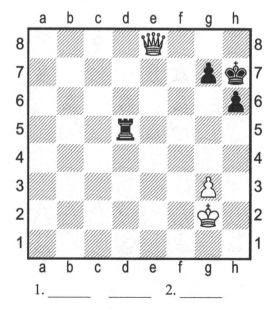

1. _____   2. _____

自己试试吧！

497. 别利亚夫斯基—塔瓦江，1982

1. _____ _____ 2. _____

498. 教学示例

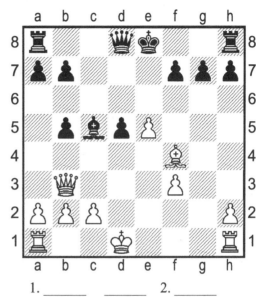

1. _____ _____ 2. _____

499. 教学示例

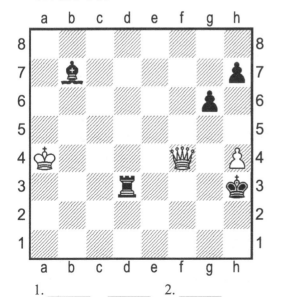

1. _____ _____ 2. _____

500. 列温—戈连什捷伊恩，1954

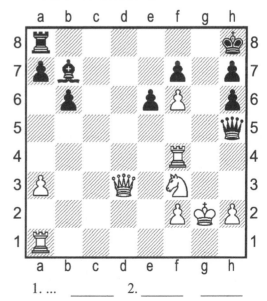

1. ... _____ 2. _____ _____

答 案

第一部分

1) 1. 马d7-b6×;
2) 1. ... 马f1-g3×;
3) 1. 马f4-g6×;
4) 1. 马g5-f7×;
5) 1. 马h6-f7×;
6) 1. 马d5:c7×;
7) 1. 马e4-d6(f6)×;
8) 1. 马e4-f6×;
9) 1. 马f5-h6×;
10) 1. 马b5-d6×;
11) 1. 马h6-f7×;
12) 1. ... 马b4-d3×;
13) 1. 马d5-e7×;
14) 1. 马b5:d6×;
15) 1. 马g5-f7×;
16) 1. ... 马b4-d3×;
17) 1. 马d6-f7×;
18) 1. 马h6-f7×;
19) 1. 马d3-f2×;
20) 1. 马b4-d3×;
21) 1. 象h7-e4×;
22) 1. 象d3-g6×;
23) 1. 象d3-g6×;
24) 1. 象d6-g3×;
25) 1. 后f3-d5×;

26) 1. ... 后d8-h4×;
27) 1. ... 后f1: f3×;
28) 1. ... 后c4-d3×;
29) 1. 马e4-d6×;
30) 1. 马h5-f6×;
31) 1. 马e4-f6×;
32) 1. ... 马d4-f3×;
33) 1. 车f1-f8×;
34) 1. 车h1-h8×;
35) 1. 车d1:d8×;
36) 1. 车e2-e8×;
37) 1. 后f7-f8×;
38) 1. 后h7-h8×;
39) 1. 后f7:e8×;
40) 1. 后f5:f8×;
41) 1. ... 车f8-f1×;
42) 1. ... 车e8-e1×;
43) 1. ... 车d8-d1×;
44) 1. ... 车f7:f1×;
45) 1. 后d7-d1×;
46) 1. ... 后a5-e1×;
47) 1. 后f2:e1×;
48) 1. ... 后b5-f1×;
49) 1. 车e4-h4×;
50) 1. ... 车d6-g6×;

51) 1. 车d1-h1×;
52) 1. ... 后d4-h4×;
53) 1. 后c3-f6×;
54) 1. 后e6-f7×;
55) 1. ... 后d1:c2×;
56) 1. 后d4-f2×;
57) 1. 后e8-f7×;
58) 1. 后e5-f6×;
59) 1. 后f8-f7×;
60) 1. 后h5:e5×;
61) 1. 后h6-f8×;
62) 1. 后h7:h8×;
63) 1. 马g5-d8×;
64) 1. 后h5:e8×;
65) 1. ... 后h4-e1×;
66) 1. ... 后b2-c1×;
67) 1. ... 后b7-h1×;
68) 1. ... 后e4-e1×;
69) 1. 后d2:h6×;
70) 1. ... 后g3:h3×;
71) 1. 后c4-h4×;
72) 1. 后f1-h3×;
73) 1. 后g5-d8×;
74) 1. 后f6-h8×;
75) 1. 后h6:f8×;

76) 1. 后c5:f8×;
77) 1. 后a6-f1×;
78) 1. ... 后h5-d1×;
79) 1. ... 后h2-h1×;
80) 1. ... 后a6 : f1×;
81) 1. ... 车f8-f1×;
82) 1. 马d6-f7×;
83) 1. 马f5-d6×;
84) 1. 后b7-c8×;
85) 1. 车h2-h8×;
86) 1. 马c5-a6×;
87) 1. ... 后e7-e3×;
88) 1. 后e6-f7×;
89) 1. 后h7-h8×;
90) 1. 马h6-f7×;
91) 1. 马e4-f6×;
92) 1. 车f7:f8×;
93) 1. 车e1-e8×;
94) 1. 马f5-d6×;
95) 1. 后c2:g6×;
96) 1. ... 后e4-h1×;
97) 1. ... 车f8-f1×;
98) 1. 马f5-h6×;
99) 1. 后f6-d8×;
100) 1. 车d4-d8×.

第二部分

101) 1. 王c2-c1;
102) 1. h6-h7;
103) 1. 王b6-a6;
104) 1. 王g3-f2;
105) 1. 王e6-d6;
106) 1. g5-g6;
107) 1. 王c6-c7;
108) 1. c6-c7;
109) 1. ... 王e7-e6;
110) 1. ... 王f6-e5;
111) 1. ... 王f5-g4;
112) 1. ... 王d8-c7;
113) 1. 王c7-d6;
114) 1. 王c2-d3;
115) 1. c6-c7;
116) 1. f3-f4;
117) 水平线;
118) 垂直线;
119) 对角线;
120) 马;
121) e5, e8, h5, h8;
122) c3, c8, h3, h8;
123) d3, d8, h3, h8;
124) e5, e8, h5, h8;
125) c3, c8, h3, h8;

126) b6, b1, g6, g1;
127) a6, a1, f6, f1;
128) b4, b8, f4, f8;
129) d3，d8; h3，h8; 是;
130) h6, h1, c6, c1; 否;
131) c5, c8, f5, f8; 是;
132) e5, e1, a5, a1; 否;
133) 1. b2-b4+ —;
134) 1. e2-e4+ —;
135) 1. a4-a5=;
136) 1. d6-d7+ —;
137) 1. 王d1-c1;
138) 1. 王a5-b5;
139) 1. 王g7-f6;
140) 1. 王a5-b5!;
141) 1. 王f6-f7;
142) 1. 王e6-e7;
143) 1. 王d6-e7;
144) 1. 王e6-e7;
145) 1. c6-c7;
146) 1. h6-h7;
147) 1. 王f3-e4;
148) 1. d6-d7;
149) 1. 王f8-e7;
150) 1. 王d5-e4;

151) 1. 王g2-f1;
152) 1. 王b1-a1;
153) 1. 王c7-c8;
154) 1. 王c5-b5;
155) 1. 王e5-f5;
156) 1. 王g8-h8;
157) 1. 王e3-e4;
158) 1. 王f4-e4;
159) 1. 王c3-c4;
160) 1. 王d4-e5;
161) 1. 王b3-c3;
162) 1. 王h3-g4;
163) 1. 王d2-e2;
164) 1. 王e1-f2;
165) 1. 王f4-f5;
166) 1. 王f5-g5;
167) 1. 王e4-e5;
168) 1. 王d3-e4;
169) 1. 王c8-d8;
170) 1. 王e8-e7;
171) 1. 王g7-f7;
172) 1. 王c5-d5;
173) 1. d3-d4;
174) 1. c2-c3!;
175) 1. c5-c6;

176) 1. e5-e6;
177) 1. 王f4-f5;
178) 1. 王e5-e6;
179) 1. 王b5-b6;
180) 1. 王f3-f2;
181) 1. 王h4-g5;
182) 1. 王c3-d4;
183) 1. 王g2-f3;
184) 1. 王c2-d2;
185) c5, d5, e5;
186) d8, d7, e8, e7, f8, f7;
187) g7, g8;
188) a6, b6, c6;
189) e6, f6, g6;
190) b7, b8;
191) b6, c6, d6;
192) e8, e7, f8, f7, g8, g7;
193) 1. 王d4-e4;
194) 1. 王f6-g7;
195) 1. 王g4-f5;
196) 1. 王d4-e4;
197) 1. 王d5-d6;
198) 1. 王g8-f8(f7);
199) 1. 王a6-b7;
200) 1. 王f4-g5.

第三部分

201) b) 1. 王d1-d2;
202) a) 1. 王d5-d6;
203) a) 1. 王e6-d6;
204) b) 1. 王d4-d5;

205) a) 1. 王e2-e1;
206) b) 1. 王d3-c2;
207) b) 1. 王g6-g7;
208) b) 1. 王e4-f4;

209) a) 1. 王c1-c2;
210) b) 1. 王e3-d3;
211) b) 1. 王a2-a1;
212) a) 1. f5-f6;

213) b) 1. 王b6-c5;
214) b) 1. b2-b4;
215) b) 1. 王h3-g4;
216) a) 1. 王h2-g3;

217) b) 1. 王e6-d5;
218) a) 1. d2-d3;
219) b) 1. 王g1-h1;
220) a) 1. 王d2-c1;
221) 1. 王g3-g4　王g6-f6　2. 王g4-f4;
222) 1. 王c5-c6　王c8-d8　2. 王c6-d6;
223) 1. 王c4-c5　王a7-b7　2. 王c5-b5;
224) 1. 王e5-e6　王e8-d8　2. 王e6-d6;
225) 1. 王e4-d4　王d6-e6　2. 王d4-c5;
226) 1. 王c5-d6　王d8-c8　2. 王d6-e7;
227) 1. 王f3-e4　王e8-d7　2. 王e4-d5;
228) 1. 王c3-d4　王d6-e6　2. 王d4-e4;
229) 1. 王g6-f6　王g8-f8　2. g5-g6;
230) 1. 王e3-d4　王e6-d6　2. d2-d3;
231) 1. 王g4-f5　王g7-f7　2. d5-d6;
232) 1. 王d6-e6　王d8-e8　2. f5-f6;
233) 1. 王d5-d6　王d8-e8　2. e6-e7;
234) 1. 王f5-f6　王d8-e8　2. e6-e7;
235) 1. 王d6-c6　王c8-b8　2. b6-b7;
236) 1. 王g5-f6(h6)　王h8-g8　2. g7-g6;
237) 1. 王b2-c3　王a5-b5　2. 王c3-d4;
238) 1. 王e5-f6　王c8-d8　2. 王f6-f7;
239) 1. 王e4-d5　王f6-e7　2. 王d5-c6;
240) 1. 王e5-f6　王d8-e8　2. 王f6-g7;
241) 1. ... 王c6-d6　2. c4-c5+　王d6-c6;
242) 1. ... 王f8-g8　2. h6-h7+　王g8-h8;
243) 1. ... 王a7-a8　2. b6-b7+　王a8-b8;
244) 1. ... 王e8-d8　2. e6-e7+　王d8-e8;
245) 1. ... 王d8-d7　2. 王d5-c5　王d7-d8;
246) 1. ... 王f6-e5　2. 王f3-e3　王e5-e6;
247) 1. ... 王d6-c5　2. 王b3-c3　王c5-c6;
248) 1. ... 王d6-e6　2. 王d4-e4　王e6-e7;
249) 1. ... 王d7-d8　2. 王d5-c6　王d8-c8;
250) 1. ... 王e5-e6　2. 王f3-f4　王e6-f6;
251) 1. ... 王c5-c6　2. 王b3-b4　王c6-b6;

252) 1. ... 王a7-a8　2. 王a5-b6　王a8-b8;
253) 1. 王f2-e2　王f6-e5　2. 王e2-d3;
254) 1. 王g5-f5　王d7-d6　2. 王f5-e4;
255) 1. 王b6-c5　王f7-e6　2. 王c5-d4;
256) 1. 王e1-e2　王e6-e5　2. 王e2-e3;
257) 1. ... 王d8-e8　2. 王d6-e6;
258) 1. ... 王f6-g6!　2. h6-h7　王g6-f7;
259) 1. ... 王c5-b6　2. a6-a7　王b6-c7;
260) 1. ... 王f8-e8　2. 王d6-e6;
261) 1. g5-g6?　王h7-h8;(1. 王f6-f7!);
262) 1. 王d3-d4?　王e6-d6;(1. 王d3-e4!);
263) 1. 王a2-b2?　王c5-b4;(1. 王a2-b3!);
264) 1. c5-c6?　王f7-e6;(1. 王f4-e5!);
265) 1. 王e2-d1?　王e4-f3;(1. 王e2-e1!);
266) 1. 王c1-d2?　王d5-d4;(1. 王c1-d1!);
267) 1. 王d3-e4?　王f7-e6;(1. 王d3-c4!);
268) 1. e5-e6?　王d8-e7;(1. 王d5-d6!);
269) 1. g5-g6?　王h7-g8?　2. g6-g7;
270) 1. 王d3-d4?　d7-d6?　2. 王d4-e4;
271) 1. 王a2-b2?　王c5-c4?　2. 王b2-c2;
272) 1. c5-c6?　王f7-e7?　2. 王f4-e5;
273) 1. 王e2-d1?　王e4-f4?　2. 王d1-e2;
274) 1. 王c1-d2?　王d5-e4?　2. 王d2-e2;
275) 1. 王d3-e4?　王f7-f6?　2. 王e4-d5;
276) 1. e5-e6?　马d8-c7?　2. 王d5-e5;
277) 1. e5-e6;
278) 1. 王f3-e4;
279) 1. 王e6-e7;
280) 1. 王g4-f5;
281) 1. a7-a8后+　王h1-g1　2.后a8-g2×;
282) 1. g7-g8后　王h6-h5　2.后g8-g5×;
283) 1. f7-f8后　王a7-a6　2.后f8-a3×;
284) 1. d7-d8后　王a1-b1　2.后d8-d1×;
285) 1. e7-e8后　王a7-a6　2.后e8-a4×;
286) 1. g7-g8后　王h1-h2　2.后g8-g2×;

287) 1. 王f6-g6　王h8-g8　2. b7-b8车×；
288) 1. h6-h7　王a8-b8　2. h7-h8后×；
289) 1. a7-a8后+　王a1-b1　2.后a8-h1×；
290) 1. f7-f8后　王e1-d1　2.后f8-f1×；
291) 1. d7-d8后+　王h8-h7　2.后d8-h4×；
292) 1. c7-c8后+　王a8-a7　2.后c8-b7×；
293) 1. c7-c8车　王a7-a6　2.车c8-a8×；
294) 1. b7-b8后　王a3-a4　2.后b8-b4×；
295) 1. b7-b8后　王h5-h4　2.后b8-h2×；
296) 1. d6-d7　王b8-a8　2. d7-d8后×；
297) 1. g7-g8后+　王a3-a2　2.后g8-b3×；
298) 1. e7-e8后　王h8-h7　2.后e8-h5×；
299) 1. g7-g8车　王a1-a2　2.车g8-a8×；
300) 1. g7-g8后+　王h7-h6　2.后g8-g6×.

第四部分

301) 1. 马f3-e5+；
302) 1. 马e4-g5+；
303) 1. 马e4-d6+；
304) 1. 马c4-b6+；
305) 1. 马g3-h5+；
306) 1. ... 马f6:e4+；
307) 1.... 马g5:h3+；
308) 1. 马e5:c6+；
309) 1. 马c4-b6+；
310) 1. 马f3-g5+；
311) 1. 马d5 : c7+；
312) 1. ... 马e4:c3+；
313) 1. 马f5:e7+；
314) 1. ... 马e4:f2+；
315) 1. 马c4-e5+；
316) 1. 马d5:c7+；
317) 1. 马e5 : f7+；
318) 1. 马g5-f7+；
319) 1. 马d4:e6+；
320) 1. 马g5:f7+；
321) 1. ... 马e5:d3+；
322) 1. 马e5-f7+；
323) 1. 马d6:f7+；
324) 1. 马c7-e6+；
325) 1. 马e4-f6+；

326) 1. 马f3:e5+；
327) 1. 马f3-g5+；
328) 1. 马d5-c7+；
329) 1. ... 马f2-d3+
330) 1. ... 马g5-f3+；
331) 1. 马e5:d7+；
332) 1. 马g5:e6+；
333) 1. 马d5-c7+；
334) 1. 马d5-e7+；
335) 1. ... 马d3:e1+；
336) 1. ... 马g4-f2+；
337) 1. ... 马f3:e1+；
338) 1. 马d5-f6+；
339) 1. 马g6:e7+；
340) 1. 马f5:h6+；
341) 1. 马g5-f7+；
342) 1. ... 马d4:e2+；
343) 1. 马g5-e6+；
344) 1. 马e5:g6+；
345) 1. ... 马f4-d3+；
346) 1. ... 马f4-h3+；
347) 1. 马d4-e6+；
348) 1. b7:c8马+；
349) 1. 马f5-e7+；
350) 1. ... 马e4-f2+；

351) 1. ... 马c6-d4+；
352) 1. ... 马d5:e3+；
353) 1. 马g5-f7+；
354) 1. 马g5-f3+；
355) 1. 马e4-f2+；
356) 1. 马e5-f7+；
357) 1. 马c4-d6+；
358) 1. 马f5-d6+；
359) 1. 马g4:e3+；
360) 1. 马d5-f4+；
361) 1. 马g6:e7+；
362) 1. 马h3-g5+；
363) 1. f7-f8马+；
364) 1. 马b5-c7+；
365) 1. 马g5-e6+；
366) 1. ... 马d4-e2+；
367) 1. ... 马d2-f1+；
368) 1. 马d6:f7+；
369) 1. ... 马e5:f3+；
370) 1. 马e3-f5+；
371) 1. ... 马b4-d3+；
372) 1. 马g5-e6+；
373) 1. 马e5-a6+；
374) 1. 马d5:f6+；
375) 1. 马e7:g6+；

376) 1. 马d4-e6+；
377) 1. 马g6-e7+；
378) 1. 马g5-e6+；
379) 1. ... 马f5:g3+；
380) 1. 马d5-f6+；
381) 1. 马e4-c3+；
382) 1. ... 马g4-e3+；
383) 1. 马c3-d5+；
384) 1. 马d4:e6+；
385) 1. ... 马g4-e3+；
386) 1. ... 马g4:f2+；
387) 1. 马c5:d7+；
388) 1. ... 马c2-e3+；
389) 1. 马f3-d2+；
390) 1. 马d4-e2+；
391) 1. 马f4-e2+；
392) 1. ... 马d3-f2+；
393) 1. 马b4:d3+；
394) 1. 马d5-f6+；
395) 1. 马d4-c2+；
396) 1. 马d5:f6+；
397) 1. 马b5:d6+；
398) 1. 马d5-c7+；
399) 1. 马f3-e5+；
400) 1. 马h4:f5+.

第五部分

401) 1. 后 d1-a4+;
402) 1. 后 d1-h5+;
403) 1. ... 后 d8-a5+;
404) 1. ... 后 e7-h4+;
405) 1. 后 d1-a4+;
406) 1. 后 d1-h5+;
407) 1. ... 后 d8-a5+;
408) 1. ... 后 d8-h4+;
409) 1. 后 d1-a4+;
410) 1. 后 d1-h5+;
411) 1. ... 后 d8-a5+;
412) 1. 后 e5-e8+;
413) 1. 后 d1-h5+;
414) 1. 后 b3-a4+;
415) 1. 后 d1-a4+;
416) 1. ... 后 d8-a5+;
417) 1. 后 e4:d5+;
418) 1. 后 e2-b5+;
419) 1. 后 h3:e6+;
420) 1. 后 d1-a4+;
421) 1. 后 d1-h5+;
422) 1. 后 f3:d5+;
423) 1. 后 d1-a4+;
424) 1. ... 后 d8-a5+;
425) 1. 后 e1-e8+;
426) 1. ... 后 e6-a2+;
427) 1. 后 b3-b8+;
428) 1. 后 c6-c7+;
429) 1. 后 d1-d8+;
430) 1. ... 后 f6:c3+;
431) 1. ... 后 d7-d2+;
432) 1. 后 e4-b7+;
433) 1. 后 e1-e8+;
434) 1. ... 后 h4-h3+;
435) 1. 后 f8-d6+;
436) 1. ... 后 b6-f2+;
437) 1. 后 h1-d5+;
438) 1. 后 g3-h4+;
439) 1. 后 h4:g4+;
440) 1. 后 h5:e5+;
441) 1. 后 h4-d4+;
442) 1. 后 g4-h5+;
443) 1. 后 f2-g3+;
444) 1. ... 后 c6-e6+;
445) 1. ... 后 d8-h4+;
446) 1. 后 c4-f4+;
447) 1. ... 后 h4:e4+;
448) 1. 后 f3-g4+;
449) 1. ... 后 f7-h5+;
450) 1. 后 h5:e5+;
451) 1. 后 c7-f4+;
452) 1. 后 d1-f1+;
453) 1. 后 b7-c6+;
454) 1. 后 f4-e4+;
455) 1. 后 e2-c4+;
456) 1. ... 后 a7:c5+;
457) 1. ... 后 b6-b5+;
458) 1. 后 a6-a2+;
459) 1. 后 e5-d5+;
460) 1. 后 h3-h5+;
461) 1. 后 e7-e6+;
462) 1. ... f2-f1 后 +;
463) 1. ... 后 e6-e4+;
464) 1. ... 后 e8:e4+;
465) 1. ... 后 e1-e5+;
466) 1. 后 c6-f6+;
467) 1. ... 后 g4-h4+;
468) 1. 后 c4:d4+;
469) 1. 后 h8-f8+;
470) 1. 后 g7:f6+;
471) 1. 后 b5:b6+;
472) 1. ... 后 e4-e3+;
473) 1. ... 后 c7-f4+;
474) 1. 后 a6-d3+;
475) 1. ... 后 f3-e3+;
476) 1. ... 后 c4:c5+;
477) 1. ... 后 c2-e4+;
478) 1. ... 后 f6-g5+;
479) 1. 后 f4:g3+;
480) 1. ... 后 e4-g6+;
481) 1. 后 f5:e5+;
482) 1. 后 b5-b3+;
483) 1. 后 f3-f5+;
484) 1. 后 d1-a4+;
485) 1. 后 e2-e4+;
486) 1. 后 c2-b2+;
487) 1. 后 d5:h5+;
488) 1. 后 d1:d6+;
489) 1. 后 g7:e5+;
490) 1. 后 d1-a4+;
491) 1. 后 f7-f6+;
492) 1. 后 h5-e5+;
493) 1. 后 b3-b5+;
494) 1. 后 d1-f3+;
495) 1. ... 后 d8-a5+;
496) 1. 后 e8-e4+;
497) 1. 后 c5:e5+;
498) 1. 后 b3:b5+;
499) 1. 后 f4-f1+;
500) 1. ... 后 h5-g5+.